□目　次□

## 論　説
わが国における統合失調症の暴力……………………今井淳司……1
オランダにおける社会内処遇制度
　──再犯防止対策の一つとして──……………………平野美紀……21

## 講　演
「認知症医療・介護と法」雑感……………………………松下正明……33

## シンポジアム「精神保健福祉法の改正について」
シンポジアムの趣旨について……………………………五十嵐禎人……45
非自発的入院制度の正当化原理
　──精神科臨床の立場から──…………………………五十嵐禎人……49
非自発入院の正当化根拠
　──法律家の立場から──………………………………横藤田　誠……65
ガイドラインについて……………………………………椎名明大……85
精神保健福祉法はどこへ向かうのか……………………姜　文江……109

大会記事
法と精神医療学会規約

# 法と精神医療

第33号
2018

**論説**
わが国における統合失調症の暴力 ………… 今井淳司
オランダにおける社会内処遇制度
　　——再犯防止対策の一つとして—— ………… 平野美紀

**講演**
「認知症医療・介護と法」雑感 ………… 松下正明

**シンポジアム「精神保健福祉法の改正について」**
シンポジアムの趣旨について ………… 五十嵐禎人
非自発的入院制度の正当化原理
　　——精神科臨床の立場から—— ………… 五十嵐禎人
非自発入院の正当化根拠
　　——法律家の立場から—— ………… 横藤田誠
ガイドラインについて ………… 椎名明大
精神保健福祉法はどこへ向かうのか …… 姜文江

法と精神医療学会

□論　説□

# わが国における統合失調症の暴力

東京都立松沢病院精神科
今　井　淳　司
いまいあつし

## 一　はじめに

　統合失調症患者の暴力に関連するリスクファクターに関して，諸外国では1980年代から多くの研究が行われ，サイコパス傾向，物質乱用，メンタライジング（他者や自分の行動を，背景にある感情，思考，信念，欲望などという心的状態との関連で読み取る能力）不全，Threat/Control-Override（以下TCO）症状（1994年にLinkらにより提唱された概念で，1）自分を傷つけようとしている人間がいる，2）自分のものではない考えが頭に入ってくる，3）コントロールできない力に自分の考えが支配される，といった精神病症状）や命令幻聴などの陽性症状，などが統合失調症による暴力のリスクファクターとされている。

　しかし，これらのリスクを評価する場合には，国ごとに犯罪や暴力の発生

---

（1）　狩野力八郎：精神医学用語解説　メンタライゼーション．臨床精神医学，38：382-383，2009.
（2）　Link, B. G., Stueve, A.：Psychotic Symptoms and the Violent/Illegal Behavior of Mental Patients Compared to Community Controls. In：(ed.), Monahan, J. and Steadman, H. J. Violence and Mental Disorder：Development in Risk Assessment. University of Chicago Press, Chicago, 1994.
（3）　Bo, S., Abu-Akel, A., Kongerslew, M. et al.：Risk factors for violence among patients with schizophrenia. Clin. Psychol. Rev, 31；711-726, 2011.

率が異なるということに注意する必要があるとされる。特に日本のように著しく低い犯罪率の国に般化するには注意を要する。そのような状況の中，日本人統合失調症患者におけるリスクファクター研究は少なく，わが国における統合失調症患者の暴力に影響を与える要因は不明である。

　本稿では，まず日本人統合失調症の暴力に関する実証的研究を概観する。その後，精神病理学の分野で検討されてきた統合失調症による暴力の発動機制について検討する。最後に，それらが実際の事例においてどのように暴力に影響を与えているのか事例提示を通して検証し，わが国における統合失調症の暴力について網羅的に検討を加える。

## 二　わが国における統合失調症の暴力研究

　わが国における統合失調症の暴力研究で，一定の症例数を持ち適切な統計処理が行われているものは限られ，1996年に発表された吉川による研究があるのみである。

### 1　吉川による統合失調症の殺人に関する研究
### （1）調査対象

　1980年1年間（1月～12月）に法務省に報告された触法精神障害者総計946例のうち，殺人（未遂を含む）を犯した111例の統合失調症患者について，1980年の殺人事件，およびその後1991年までの11年間に彼らが犯した再犯事件について，統計調査資料や事件記録，および精神鑑定書を閲覧し，その解析を試みた。

---

（4）　Monahan, J., Steadman, H. J., Silver, E. et al.：Rethinking Risk Assessment：The MacArthur Study of Mental Disorder and Violence. Oxford University Press, New York, 2001

（5）　Tsushima, M.：Economic structure and crime：The case of Japan. J Socio Econ, 25（4）；497-515, 1996.

（6）　吉川和男：精神分裂病殺人犯に見る再犯の予測要因と予測可能性．犯罪学雑誌，61；216-234，1996．

### (2) 調査方法

1980年の統合失調症殺人犯111名を「単発型」80例と「反復型」31例に二分し，再犯に関わると思われる種々の変数についてロジスティック回帰分析により比較検討した。

### (3) 調査結果

ロジスティック回帰分析により，性別（男性），被害者（無関係），病前の反社会的行為，アルコール嗜癖，犯行前の入院期間（短期），妄想体系といったリスクファクターが特定された。また，本研究で特定されたロジスティック回帰モデルは全体の82.7%を正しく予測した。

しかし，この研究も，対象が統合失調症による殺人の，それも再犯という暴力が重症暴力に限定されているという対象の限界があった。また，この研究の他に適切にデザインされた日本人統合失調症を対象にした暴力の研究は見当たらないことから，わが国における統合失調症患者による暴力の実態は不明なままだった。

## 2 筆者らによる精神科救急における統合失調症の暴力に関する研究

以上のような状況から，筆者らは，日本人統合失調症患者における暴力関連因子は，暴力の発生率のより高い国々とは異なるのではないかとの仮説をたて，精神科救急を利用し，夜間休日に入院となった統合失調症患者を対象にした，より包括的な統合失調症による暴力の研究を計画した。[7]

### (1) 目的

本研究の目的は，精神科救急によって入院した日本人統合失調症患者における暴力関連因子を探索し，先行研究における結果と比較することである。

### (2) 方法

①研究デザイン：症例と対照　　1986年～2005年にかけて，夜間休日の精神

---

[7] Imai, A., Hayashi, N., Shiina, A. et al.：Factors associated with violence among Japanese patients with schizophrenia prior to psychiatric emergency hospitalization：A case-controlled study. Schizopr. Res, 160；27-32, 2014.

科救急サービスを利用して東京都立松沢病院へ入院した患者から抽出を行った。

　本研究における暴力は，身体的暴力と性的暴力，武器の使用および威嚇，を含み，言語的暴力や器物破損は含めなかった。この定義は，世界的に有名な精神障害者の暴力研究である MacArthur violence risk assessment study [4] と一致している。加えて，日本において重大な他害行為とされる放火も含んだ。身体的暴力の評価には Modified Overt Aggression Scale（MOAS）[8] を適応し，MOAS で 2 点（殴る，蹴る，押す，ひっかく，髪を引っ張る）以上のもののみを暴力と評価した。

　対象は，（1）退院時の病名が統合失調症，（2）年齢が18歳〜60歳，（3）入院期間が1週間以上，（4）母国語が日本語，（5）入院24時間前に暴力を認める，（6）暴力は本研究の暴力の定義に一致する，といった条件に合致するものが選ばれた。結果，420名づつの暴力群と非暴力群が抽出された。

　**②データ評価と収集**　　情報の収集は，診療録の回顧的評価によって行われた。（i）精神症状の評価は主に，Present State Examination（PSE）[9] に基づいて行われ，TCO症状に関しては，MacArthur study の定義を使用した。（ii）他の臨床データとしては，病前の反社会的傾向，家族歴，治療歴，入院歴，初発か再発か，罹病期間，暴力歴を，（iii）社会人学的データとして，性別，年齢，入院年，両親の離婚歴，最終学歴，婚姻歴，離婚歴，就労歴，入院時就労，居住形態を，（iv）暴力に関するデータとして，暴力の種類，被害者，暴力が行われた場所，MOAS の身体暴力尺度，を調査した。

　データはマニュアルを作成した上で，筆者が収集した。評価者は盲検化されなかった。評価者間信頼性検定を，2名の精神科医によって行い，信頼性が低いとされる $\kappa < 0.2$ の変数は解析から除外することとした。

---

（8）　Kay, R. S., Wolkenfeld, F., Murrill, M. L.：Profiles of aggression among psychiatric patients. I. Nature and prevalence. J. Nerv. Ment. Dis. 176（9），539-546. 1988

（9）　Wing, J. K., Cooper, J. E., Sartorius, N.：Measurement and Classification of Psychiatric Symptom：An Instruction Manual for the PSE and CATEGO Program. Cambridge University Press, Cambridge. 1974.

③統計解析　　統計解析にあたっては，両群を比較するために条件つきロジスティック回帰分析を使用した。はじめに，単変量条件つきロジスティック回帰分析を行い，p＜0.05であった変数のみを多変量条件つきロジスティック回帰分析に投入した。全ての解析において，p＜0.05を統計的に有意と解釈した。

④倫理的配慮　　研究にあたり東京都立松沢病院と千葉大学の倫理委員会で承認を得た。

（3）結果

①対象の臨床的特徴　　調査期間中に8048名の救急入院患者を特定し，そのうちから420名のケースと性別，年齢（±3歳），入院時期（1986年～1995年，1996年～2005年の2期）をマッチさせた同数のコントロールを抽出した。

各群で男性が318名，女性が102名，平均年齢はケースで33.3（±10.6）歳，コントロールで33.7（±10.7）歳であった。

②暴力の特徴　　本調査では延べ439件の暴力を認めた。MOASの身体暴力尺度2点が296件（67％），身体暴力尺度3点が72件（16％），武器の使用もしくは威嚇が56件（13％），放火が10件（2％），性的暴力が5件（1％）だった。また，被害者は延べ422人であり，家族が247人（59％），見知らぬ人が89人（21％），警察/消防隊が46人（11％），友人/知人が8人（2％）だった。発生場所は，延べ421件中，自宅が244件（58％），路上が73件（17％），その他の住居が20件（5％），病院またはクリニックが18件（4％），その他が66件（16％）だった。

③評価者間信頼性検定　　38変数から，性別，年齢，入院年を除外した35変数に関して評者間信頼性検定を行った，結果，17変数（49％）は excellent reliability（$\kappa > 0.8$），10変数（29％）が very good reliability（$0.6 < \kappa < 0.8$），6変数（17％）が moderate reliability（$0.4 < \kappa < 0.6$），2変数（6％）（被害妄想，精神運動興奮）が poor reliability（$0.2 < \kappa < 0.4$）であった。very poor reliability（$\kappa < 0.2$）を示した変数はなかった。

④単変量条件つきロジスティック回帰分析　　TCO症状，幻聴，被害妄想，

妄想体系，関係妄想，精神運動興奮，滅裂思考，が暴力との関連を認め，逆に抑うつ気分は暴力と負の相関を示した。他に，統合失調症の家族歴，入院歴，再発，長期罹病期間，暴力歴，同居人，が暴力と関連し，入院時就労が暴力と負の関連を示した。

⑤**多変量条件つきロジスティック回帰分析**　精神運動興奮，暴力歴，妄想体系，滅裂思考，幻聴，TCO症状，関係妄想，長期罹病期間が暴力関連因子とされた。自傷は暴力と負の相関を示した。一方，先行研究で重要なリスクファクターとされてきた物質乱用や病前の反社会的エピソードといった反社会的傾向[10]は暴力関連因子として特定されなかった。[11]

(4) 考察

日本人統合失調症患者の暴力は，物質乱用や病前の反社会的エピソードといった反社会傾向というより，長期罹病期間や精神病症状といった純粋な統合失調症の要素とより強く関連していることが明らかになった。

物質乱用歴が特定されなかった原因としては，諸外国と比較した日本の物質乱用率の低さや[12]，物質使用から6ヶ月以上続く精神病性障害が，諸外国では統合失調症と診断される一方，日本では古典的には覚せい剤精神病やアルコール精神病，操作的には残遺性及び遅発性精神病性障害といった物質使用による精神病性障害と診断され易い，といった診断文化の差[13]があると考えられた。また，病前の反社会的エピソードが特定されなかった原因として

---

(10) Räsänen, P., Tilhonen, J., Isohanni, M., Rantalkallio, P., Lehtonen, J., Moring, J.: Schizophrenia, alcohol abuse, and violent behavior: a 26-year followup study of an unselected birth cohort. Schizophr. Bull. 24

(11) Fullam, R. S., Dolan, M. S.: Executive function and in-patient violence in forensic patients with schizophrenia. Br. J. Psychiatry 193 (3), 247-253. 2008.

(12) United Nations Office on Drugs and Crime.: World Drug Report 2012, (Accessed from http://www.unodc.org/unodc/en/data-and-analysis/WDR-2012.html June 2014). 2012

(13) Sato, M., Matsumoto, K.: Kakuseizaiizon to kanrensyougai (syoujyou keika sindan) (in Japanese) (Dependence syndrome with methamphetamine and methamphetamine related disorders). In: Sato, M., Suwaki, H. (Eds.), Rinsyou seisin igaku kouza 8 [Encyclopedia of Clinical Psychiatry 8]. Nakayama syoten, Tokyo, pp. 222-235. 1999.

は，サイコパスの性質や有病率が日本人と欧米人とでは異なることによると考えられた。

　本研究の結果は，統合失調症患者の暴力の評価は，対象の文化や人種差を考慮し慎重に行う必要があるということを示唆している。

## 三　わが国における統合失調症の暴力発展モデル

　筆者らの研究では，物質乱用歴や病前の反社会的エピソードが暴力関連因子とされず，欧米諸国における既存のリスクファクター研究とは異なる結果となった。

　本研究で特定された暴力関連因子を臨床的な観点から整理すると，1）長期間の罹病の後に，暴力の既往を有する統合失調症患者が，2）妄想体系，幻聴，TCO症状，関係妄想，といった精神病症状をきたし，3）精神運動興奮もしくは滅裂状態といった状態像を呈した結果，暴力に至ると考えられる（表1）。一方で，吉川の研究では，欧米と同様にアルコール嗜癖と病前の反社会的行為，といった変数もリスク因子として特定されている。この差異が生じた原因について示唆を与える諸外国における先行研究がある。

　Swansonらは，暴力の重症度によりリスクファクターが異なるという所

**表1　精神科救急における統合失調症の暴力関連因子（今井2014）**

| 患者背景 | 臨床症状 | 状態像 |
| --- | --- | --- |
| 長期罹病期間<br>暴力歴 | 妄想体系<br>幻聴<br>TCO症状<br>関係妄想 | 精神運動興奮状態<br>滅裂状態 |

---

(14)　Lynn, R.：Racial and ethnic differences in psychopathic personality. Pers. Individ. Differ. 32, 273-316. 2002.

(15)　Yokota, K.：The validity of a three-factor model in PPI-R and social dominance orientation in Japanese sample. Pers. Individ. Differ. 53, 907-911. 2012.

見を得ている。すなわち，軽症の暴力では，若年，女性，PANSS高得点，長期治療期間，物質乱用，といった変数がリスクファクターとなるが，重症の暴力では，若年，幼少期の問題行動，逮捕歴，PANSS陽性症状の高得点，といった変数がリスクファクターとなり，軽症の暴力と重症の暴力ではリスクファクターが異なるというものである。

翻って，筆者らの研究と吉川の研究を比較すると，筆者らの研究がMOASの身体暴力尺度で2点～3点といった軽症の暴力が主体の研究であったのに対し，吉川の研究では殺人の，それも再犯という重症の暴力が主体であるという対象の差がある。

Swansonらによる，暴力の重症度によりリスクファクターが異なるという結果，わが国における軽症暴力を扱った筆者らの研究では欧米モデルと異なる結果だったが，重症暴力を対象にした吉川の研究では欧米モデルと同様だった，という結果を総合すると，わが国の統合失調症による暴力のリスクファクターは，重症化するほど欧米の暴力のそれに近似していくという仮説が考えられる（表2）。

表2　わが国における統合失調症の暴力発展モデル

| 研究 | 対象 | リスクファクターもしくは暴力関連因子 | 暴力の重症度 | 暴力モデルの欧米モデルへの近接度 |
|---|---|---|---|---|
| Boら (2011) | 全般（レビュー） | サイコパス傾向，物質乱用，メンタライジング不全，TCO症状，命令幻聴 | 全般 | ↑ |
| 吉川ら (1996) | 統合失調症の殺人（再犯） | 性別（男性），被害者（無関係），病前の反社会的行為，アルコール嗜癖，犯行前の入院期間（短期），妄想体系 | 重症 | |
| 今井 (2014) | 精神科救急における統合失調症の暴力 | 精神運動興奮，過去の暴力歴，幻聴，妄想体系，滅裂思考，関係妄想，TCO症状，同居人の存在，長期罹病期間 | 軽症 | |

---

(16) Swanson, J. W., Swartz, M. S., Dorn, R. A. V., et al ; A national study of violent behavior in persons with schizophrenia. Arch Gen Psychiatry, 63 ; 490-499. 2006.

この仮説を検証するためには，わが国における医療刑務所を含む刑務所や医療観察法における統合失調症患者を対象にした暴力のリスクファクター研究が必要である。

## 四　実証的研究のまとめ

以上，述べてきた実証的研究の結果をまとめると，諸外国では，サイコパス傾向，物質乱用，メンタライジング不全，TCO症状や命令幻聴などの陽性症状，などが統合失調症の暴力のリスクファクターとされてきた。わが国においては，吉川の研究によれば，性別（男性），被害者（無関係），病前の反社会的行為，アルコール嗜癖，犯行前の入院期間（短期），妄想体系が，筆者らの研究によれば，精神運動興奮，過去の暴力歴，幻聴，妄想体系，滅裂思考，関係妄想，TCO症状，同居人の存在，長期罹病期間，がリスクファクターないし暴力関連因子とされた。

以上の結果およびサイコパス傾向や物質乱用が統合失調症以外の精神障害の暴力のリスクファクターでもあることも総合すると，諸外国でもわが国においても，どの研究にも一貫する統合失調症独自の暴力関連因子はTCO症状を中心とした精神病症状であるといえる。

## 五　精神病理学における暴力発動機制

ここまでに，わが国における実証的研究によって得られた統合失調症による暴力のリスクファクターに関する知見を紹介してきた。これらの研究によって得られた暴力関連因子もしくはリスクファクターが，個々の統合失調症患者において具体的にどのような影響をおよぼし暴力に至るのかについては，実証的研究で解明するには限界がある。中谷が述べるように，これらのリスクファクターを有する患者が，いついかなる場合にどのような行動を起こすのか，という問いに応えるには，行動が発動される過程と状況の具体的

表3　統合失調症による暴力に関する精神病理学的考察

| 提唱者 | 概念 | 内容 |
|---|---|---|
| 中谷<br>(1983) | 妄想上の迫害者 | 無名の迫害者：無名の迫害者が患者を取り囲んで偏在する場合，患者は攻撃への「待機の状態」にあり，他者との不意の遭遇という状況下で無差別的な攻撃を行う<br><br>中心的迫害者：身近に中心的迫害者が現れると，迫害がもっとも脅威に感じられるとともに攻撃目標が明確化し，自我の誇大・万能化が起こった結果，攻撃はより能動的に遂行される<br><br>迫害者の疎隔化：迫害者が疎隔化するほどに患者は無頓着な構えをとるが，直接的な加害行為として誤認されやすい他者の振舞いが誘因となって，偶発的攻撃が生じる |
| 中田<br>(1993) | みせかけの了解可能性 | 幻覚妄想のような明らかな病的体験が存在しない，もしくは存在するが犯行を直接支配してない場合，人格障害（情意鈍麻），自閉性，連合弛緩（思考障害）や，興奮，昏迷，常同，衒奇といった緊張病症状の犯行への影響に関して詳細に検討することが重要 |

な分析が不可欠である。[17]

　また，実証的研究では特定しづらい統合失調症の要素による影響が暴力につながることも稀ではない。そのような，実証的研究では明らかにしきれない個々の事例における統合失調症の暴力発動機制に関しては，伝統的な精神病理学（病者の臨床的観察と記述に基礎をおき，精神病およびその周辺を病む人たちの心性を「わかろうとする」学問）[18]が重要な示唆を与えてくれる。

　以下に，わが国における統合失調症患者における暴力発動機制に関する代表的な精神病理学的考察を紹介する（表3）。

## 1　中谷による妄想上の迫害者

　中谷は，自分が何者かによって危害を加えられているという妄想を抱き，

---

[17]　中谷陽二：慢性期妄想型分裂病患者の暴力発動過程について．中谷陽二著：分裂病犯罪研究．金剛出版，東京，1996．
[18]　松本雅彦：精神病理学．加藤敏，神庭重信，中谷陽二ほか編：現代精神医学事典．弘文堂，東京，599，2011．

実際には敵対関係にない人に向かって防衛や報復のための攻撃を行う場合を,「妄想上の迫害者」と位置づけ詳細に検討している。この「妄想上の迫害者」は実証的研究で暴力のリスクファクターとして特定された, Link らの提唱する TCO 症状に他ならない。中谷は, これらの「妄想上の迫害者」を, 司法精神医学では古くから統合失調症患者による犯罪の重要なタイプのひとつとしながらも, 明らかに被害的な内容の幻覚や妄想を示し, 時には迫害者を名指しであげながら, 一向に攻撃に赴かないか, せいぜい消極的な防衛手段をとるだけの統合失調症患者も多数存在することを指摘した。そして, 攻撃実行の際の条件や機制にはさまざまな場合があるとし,「妄想上の迫害者」の発現形態の違いによって,「無名の迫害者」,「中心的迫害者」,「迫害者の疎隔化」の3つに分類した。

まず,「無名の迫害者」とは, その都度出会う人や集団が生活史的関連なしに無名かつ複数の迫害者として現れることを指す。「無名の迫害者」が患者を取り囲んで偏在する場合, 患者は攻撃への「待機の状態」にある。そして, 他者との不意の遭遇という状況下で, 相手の身振りへの妄想的解釈や命令する幻聴を機に, 無差別的な攻撃を行う。

また,「妄想上の迫害者」がある人物に特定される場合を「中心的迫害者」と呼ぶ。患者は世界のすべてを舞台のセットのように組み立てられたものとして体験し, その際, 無名の人の背後に隠れて, 芝居の総監督ともいうべき全能者が存在するようになる。このような過程を経て, 身近に「中心的迫害者」が現れると, 迫害がもっとも脅威に感じられるとともに攻撃目標が明確化し, 自我の誇大・万能化が起こった結果, 攻撃はより能動的に遂行される。

さらに, 迫害行為の身体への直撃性が希薄化, 時間的にもより散発的で慣例化し, 迫害者のより遠い空間への定位という統合失調症慢性期に認められる変化のことを「迫害者の疎隔化」としている。統合失調症の慢性期では,

---

(19) 中谷陽二：妄想上の迫害者に対する攻撃 ―分裂病者の暴力に関する一考察―. 精神神経学雑誌, 85；83-99, 1983.

顕著な逸脱行動に結びつかない間接的な迫害妄想や願望充足的な誇大妄想がしばしば認められ，それらの妄想は「苦悩軽減傾向」「現実と妄想の併存」もしくは「治療者との偽りの親密さ」といった安定機構を形成する。この段階では，迫害者はまだ消滅したり，敵対的性質を失ったりしているわけではなく迫害者の本質を保持しているが，患者には，それらの人物からの交渉や関係のあり方がより散漫で間遠になったものとして体験されている。「無名の迫害者」及び「中心的迫害者」という分類でいうと，疎隔化した迫害者は，無名・非特定の場合もあれば，特定の場合もある。このような，迫害者が疎隔し安定機構が形成され患者が無頓着な構えをとっている状態で，直接的な加害行為として誤認されやすい他者の振舞を「不意打ち」として認識し，迫害体験が身体・生命を直撃する段階までエスカレートした結果，偶発的攻撃が生じる。

　一連の考察から中谷は，攻撃の実行と非実行とを分ける要因のひとつに迫害者の質の違いをあげている。すなわち，迫害者の疎隔化という質的変化は，患者の攻撃傾向を低下させ，実行を妨げる方向に働きやすく，身近に中心的迫害者が現れるかたちの体験構造が，攻撃実行を促進するということになる。

## 2　中田による「みせかけの了解可能性」

　一方で，「妄想上の迫害者」やTCO症状のような明らかな陽性症状が認められないような場合にも統合失調症患者が暴力におよぶこともある。中田は，一見了解可能な犯行が，詳しく検討すると了解不能であることが明らかになる「みせかけの了解可能性」が問題になることがあると述べている[20]。このような暴力の発動機制を，実証的研究により証明していくことは，そもそもの症状評価の困難性，評価の信頼性の問題，などから困難を極めるため，精神病理学的視点による検討が有用な示唆を与えてくる。

---

(20)　中田修：精神分裂病の犯行のみせかけの了解可能性．中谷陽二編：精神障害者の責任能力．金剛出版，東京，25-41，1993．

中田は，幻覚，妄想などの精神病理学的に了解不能な症状はあまり問題とはならないが，病的体験が存在しない場合や，病的体験が存在しても。それらが犯行に直接支配的影響を与えていないように見える場合に「みせかけの了解可能性」が問題となるとしている。

　病的体験が存在しないような場合として，幻覚，妄想などの病的体験ではなく，人格障害（情意鈍麻），自閉性，連合弛緩，などの症状や，興奮，昏迷，常同，衒奇などの緊張病症状による犯行をあげ，このような場合に精神症状の影響が無視されるか軽視されやすい，と警鐘を鳴らしている。また，病的体験は存在するが，犯行に直接的関連性がない場合も問題となるとし，妄想はあるが人格の保たれているパラノイアなどの部分責任能力の問題をあげ，精神は全体的統一体であるので，一部分だけ異常で他は全く正常ということはありえず，犯行を詳細に検討することで病的体験，その他の統合失調症の症状が影響を与えていることが明らかになることがあるとした。

　以上から，幻覚，妄想といった病的体験のみではなく，人格障害（情意鈍麻），自閉性，連合弛緩（思考障害）や，興奮，昏迷，常同，衒奇といった緊張病症状の影響に関して詳細に検討することの重要性を指摘し，犯行の了解を困難にさせる要因として，①行為が唐突で衝動的であること，②動機と行為が不釣り合いであること，③動機が通常でないこと，をあげている。

## 六　事例提示

　以下，自験例から病勢増悪期にTCO症状に基づく対象行為に及んだ事例を提示する。事例提示にあたっては，本稿の趣旨に無関係な部分を変更し匿名化した上で，本人にも同意を得た。

### 〔事例1〕40歳　男性　統合失調症
　生活歴：東京で生育。同胞なし。周産期，発育に異常なし。両親は本人が小学校時代に離婚し，母に養育された。中学まで成績は良好で友人もいた。

高校2年より不登校となり中退。以降，統合失調症を発症し，自宅閉居の生活をし，過干渉かつ支配的な母と衝突をしながら二人暮らしを継続していた。

現病歴：20歳時に，「周りの人が自分を奇異な目で見る」との注察妄想で発症し，母の勧めでクリニックを初診した。統合失調症と診断され，quetiapine 400mgの処方で症状は改善し通信制ながら某有名大学へ進学した。以降も寛解状態が維持され，徐々にquetiapineは200mgにまで減量された。「病気は治った」と思い込み，内服を中断し，A病院へ医療保護入院となった。その後も，退薬による急激な症状増悪により母や他人への暴力を繰り返し，措置入院を含めた複数回の精神科入院歴がある。母は，元来過干渉な傾向があったが，発症後，怠薬を繰り返す対象者に対し，より干渉を強めていた。

X年4月，再び服薬中断したところ，徐々に症状が増悪し，「母が攻めてくる」「自分は仏様だ」との被害妄想，誇大妄想が再燃した。X年9月14日，「母に殺される」「母を倒せば世界が変わる」「自分は仏様だから母を倒せる」との妄想に支配され，外出中に見知らぬ通行人女性を「母の手先」と思い込み，すれ違いざまに顔面を殴打するという暴力行為（対象行為）に及んだ。興奮状態で被害者に襲いかかっているところを通行人に止められ，110番通報により逮捕された。起訴前本鑑定の後，心神喪失との判断で不起訴となり，医療観察法鑑定の結果，裁判所より入院決定を受け，医療観察法病棟に入院した。

入院後，非定型抗精神病薬を中心に様々な薬物療法が試みられたが反応性は限定的だった。各種抗精神病薬への反応性不良から，clozapineを導入し，75mgで被害妄想や誇大妄想，精神運動興奮は改善し寛解に至った。各種心理社会的治療プログラムを通し，病識も獲得し，X＋2年5月に退院となった。退院後は外来通院を継続し寛解を維持している。

本事例は，20年近くの罹病期間を有するものの病識が不十分で，怠薬によ

る症状再燃後に，母を中心とした暴力行為を繰り返していた。実証的研究により特定された患者背景としての長期罹病期間，統合失調症の症状に基づく暴力歴を有していた事例である。

　怠薬による病状増悪の過程で，過干渉で支配的だった母親が「中心的迫害者」として出現し，「母に殺される」というTCO症状と共に，「自分は仏様だから倒せる」との自我の誇大・万能化が起こり，体系化した妄想を背景とした「攻撃への待機状態」にあったと考えられる。そこに，「母の手下」と捉えられた通行人との不意の遭遇をきっかけに攻撃が行われた。暴力は，TCO症状に駆動されており，「攻撃への待機状態」にあったこと，通行人との不意の遭遇により無差別的攻撃が行われたこと，は「無名の迫害者」に対する暴力発動機制の特徴を満たしている。

　さらに，特定された迫害者としての母親に脅威を感じていたこと，同時に自我の誇大・万能化が起こっていたこと，などは「中心的迫害者」に関する暴力発動機制の特徴も満たしている。

　よって，本事例の対象行為は，実証的研究によって特定された，長期罹病期間，暴力歴を有する患者が，体系化した妄想を背景に直接的にはTCO症状に駆動され犯行に至ったもので，その機序として精神病理学的には「無名の迫害者」と「中心的迫害者」が混在した暴力発動機制を示していたといえるだろう。

　続いて，「みせかけの了解可能性」が実際の事例ではどのように問題となるかについて，わが国の刑事責任能力鑑定における重要判決である昭和59年7月3日最高裁判決のもととなった事例を提示する。

　昭和59年7月3日最高裁判決は，「被告人が犯行当時統合失調症に罹患していたからといって，そのことだけで直ちに被告人が心神喪失の状態にあったとされるものではなく，その責任能力の有無・態度は，被告人の犯行当時の病状，犯行前の生活状況，犯行の動機・態様等を総合して判定すべきである」とされたものである。

本事例の提示にあたっては，西山により詳細に記載されたすでに匿名化された事例を引用した。<sup>(21)</sup>

## 〔事例2〕26歳　男性　統合失調症

生活歴：地方都市にて生育。同法6名第3子。高校卒業後，車両関係や造船関係の会社に勤めたが長続きせず，昭和37年から海上自衛隊員として勤務した。その後，統合失調症を発症し，昭和42年の入院中に除隊となった。その後，剪断工として就労し，寮生活をしていた。

現病歴：幼少時から無口で大人しく素直で堅実な性格だったが，発症後は意地っ張りで，関係者曰く「変人に近い感じ」の性格に変わった。高校時代に友人であるTおよびその妹のSと出会った。

19歳時にSと数回の電話をしたことから好意を寄せるようになり，頻回な電話をしたり，絵葉書や電報を送りつけたりするようになった。24歳時に，「(Sに) 会ったことはないが直感で好かれていると思った」との恋愛妄想および不眠で統合失調症を発症した。しかし，Sからは「自衛隊は好きではない」などと拒絶され，恨みを深めていた。同年，国立K病院に入院した。「事実無根の事が聞こえる」「他人の事が気になる」「考えがまとまらない」「人に喰われるような気がする」との症状や思考の滅裂や途絶が認められ，「自分は悩みすぎて耳の形が変わった。胃が白くなるのが分かるんです」などとの言辞も認めた。退院直前の外泊中にT宅での同窓会に招かれ，そこで「自衛隊は憲法違反だ」などと言われ，四面楚歌の気持ちを味わい，T家の人々への恨みの気持ちを強めていた。

X−1年1月（25歳）に退院し通院を継続したが，幻聴，思考伝播，「友達がすき焼きをするのを自分がしたように感じた」などの自我障害などの症状が確認されていた。

X−1年12月末（26歳）に，Sが他の男と婚約したことを聞き，Sに対する

---

(21)　西山詮：精神分裂病者の責任能力―精神科医と法曹の対話．新興医学出版社，東京，1996．(3), 437-441. 1998．

恋慕の情を強めた，同時に社会のためにならない革新的思想を持つTへの恨みを強め，ついにはT，Sならびにその家族を殺害しようと決心した。当時の勤務先で凶器である鉄棒を調達し，自宅で自衛隊時代に購入した拳銃を用意し，さらに帰郷途中に登山ナイフを購入し，実家に身を寄せ殺害の機会を伺った。

　X年1月3日，タクシーによりS宅に押しかけた。タクシーの運転手によれば，移動中「女に騙された，狐に騙された」と独語していたという。Sの姉が，Sは不在であるとして電話でタクシーを呼び，一旦は帰途についたが，途中，「(T家は)何かを隠している」とタクシー運転手を拳銃で脅して引き返させ，タクシー運転手を連行してT家に上がり込んだ。父と姉が茶の間で対応したが，被告人はものも言わず直立不動の姿勢で立っていた。しばらくして，被告人は持っていた鉄棒で「どうしてか分からない」が，やにわにタクシーの運転手の頭部を強打した。驚いた父がタクシー運転手の手当をし，父と姉が助けを求めて家から出て行くのを被告人は直立したまま見送った。被告人は奥の部屋で寝ていた姉の子3名の頭部を次々に殴って，うち2名を殺害し，駆けつけた隣人2名と帰ってきた姉を撲殺した。Sと妹が隠れていた2階まで上がってきたが，逃走していくSらを追わず，T宅の電話線を切断し，取り巻いた隣人たちを尻目に，近くに放置してあった自転車を盗んで悠然と立ち去った。

　途中凶器などを隠し，何事もなかったように帰宅し，着替えもせずに就寝し，早朝に熟睡しているところを警察官に逮捕された。逮捕後の取り調べでは，供述は一貫せず，調べればすぐに分かる嘘をついたり，質問の答えにならない回答をしたりすることが目立った。また，鑑定時には完全に無言で面接が成立しなかった。

　本事例は，その後15年間に渡って裁判が行われ，計5回の精神鑑定が行われた。その原因は，恋愛への拒絶と思想的違いから恋愛相手ならびにその家族を殺害しようとしたという犯行動機，もしくは事前に用意された凶器や犯

行計画，逃走の仕方や凶器の破棄，逮捕後の供述の変遷や拒否，などの，統合失調症の犯行に与える影響の評価を困難にさせる一見了解可能な「みせかけの了解可能性」にある。

しかし，本事例を詳細に検討すると，動機である恋愛相手に拒絶されたことや思想の違いは一見了解可能に見えるものの，そもそも拒絶に対する怒りの背景には，「会ったこともないが直感で好かれていると思った」という了解困難な恋愛妄想がある。さらに思想の違いという動機も，特に共産主義について深く研究しているでもない被告人が7名を殺傷するという事件のものとしては乖離がある。

また，事前に凶器を準備したことや，犯行後に電話線を切ったり，凶器を破棄したりした様からは一見計画性や隠蔽性があるように見える。しかし，堂々とタクシーで乗りつけ犯行に至っていることや，父と姉が外出するのをものも言わず見送っていること，犯行後に，大胆にも取り巻きの隣人を横目に自転車を盗み立ち去り，実家で逮捕まで熟睡するなど，隠蔽性は至るところで矛盾し，犯行遂行への一貫性のなさが伺える。逮捕後の発言の拒否や変遷も，否認の仕方は極めて幼稚で矛盾が多く，一貫性を欠いており，否認を一貫して押し通すだけの人格の統一性が失われていると疑わざるをえない。

加えて，供述への拒否やその後の無言は，前後の状況から総合すると，精神医学的には，黙秘や隠蔽ではなく精神病性の拒絶や昏迷状態と捉えることが妥当である。

何より，本来の攻撃目標とは異なるタクシーの運転手に，何のきっかけもなく最初の一撃を加えていること，その後何の感情的変化も示さず茫然と立ち尽くし，父と姉が助けを求めて逃げるのを全く止めようとしなかったこと，その後の被害者の選択も理解不能なこと，などからは，本件犯行の背後には無目的な精神運動の暴発である緊張病性興奮および昏迷が潜んでいたものと推測されるのである。

また，本事例から中田が提唱した了解を困難にする要素を抽出するとすれば，①タクシー運転手へ向かった唐突かつ衝動的な攻撃，②共産主義につい

て深く研究しているでもない被告人が7名を殺傷するという犯行と不釣り合いな動機，③「会ったこともないが直感で好かれていると思った」という了解不能な恋愛妄想に基づく動機，があげられる。

本事例においては，実証的研究で特定されたTCO症状や妄想体系，暴力歴や長期罹病期間，精神運動興奮，滅裂思考といったリスクファクターは認めなかった。にもかかわらず，7人の殺傷という極めて重大な暴力行為に至っている。実証的研究で特定されたリスクファクターのみに着目するのではなく，「みせかけの了解可能性」によりマスクされた統合失調症の影響を十分に検討しながら，統合失調症による暴力を評価することの重要性が再認識される一例である。

## 七　おわりに

以上，本稿では，まず，わが国における統合失調症による暴力の実証的研究，続いて，実証的研究では明らかにしきれない部分に関して検討した妄想上の迫害者およびみせかけの了解可能性についての精神病理学的考察，最後に，それらが実臨床においてどのように暴力を発動させているのかに関する事例提示を通じて，日本人統合失調症患者における暴力について検討した。

冒頭に述べたように，各国の暴力のリスクファクターの評価には，犯罪や暴力の発生率（Base rate）の差などに注意が必要とされており，筆者らの研究でも，欧米とは異なる暴力関連因子が特定された。これらのことから，欧米におけるリスクアセスメントツールをわが国の統合失調症患者に適応する際には慎重さが求められ，理想的にはわが国独自の統合失調症の暴力のリスクアセスメントツールの開発が望まれる。

他方，わが国における統合失調症による暴力に関する研究は少なく，未だ途上である。今後，これまでの研究を発展させる形での研究や，研究対象を変えた研究などにより，様々な角度から統合失調症による暴力の特徴を明らかにすることが求められる。

さらに，実証的研究で解明できる限界も認識しつつ，臨床的観察による精神病理学的検討も参照しながら，統合失調症による暴力を総合的に評価していく必要がある。

□論　説□

# オランダにおける社会内処遇制度
## ──再犯防止対策の一つとして──

香川大学法学部
平　野　美　紀
ひらのみき

## 1　はじめに

　2016年12月に「再犯の防止等の推進に関する法律」が制定され，本法第7条にいうところの「政府は再犯の防止等に関する施策の総合的かつ計画的な推進を図るため」，その1年後の2017年12月には，「再犯防止推進計画」が策定された。

　このように再犯防止対策が必要とされているのは，検挙人員は下降しているにもかかわらず，再犯者率が増加していることにある。つまり，我が国における刑法犯の検挙人員は年々下降を続けており，最も新しい統計である『平成29年版犯罪白書』によれば，2017（平成28）年の刑法犯（危険運転致死傷・過失運転致死傷等に係る数値は含むが特別刑法犯を除く）の認知件数は，前年比10万2,849件減の99万6,120件で，戦後初めて100万件を下回った。また，再犯者（前に道路交通法違反を除く犯罪により検挙されたことがあり，再び検挙された者）の人員の推移を概観しても，1997（平成8）年（8万1,776人）を境に増加し続けて，2007（平成18）年（14万9,164人）をピークとしたが，その後は漸減状態にあり，2017（平成28）年は2007（平成18）年と比べて26.1％減で，人数だけを

---

（1）　法務省法務総合研究所『平成29年版犯罪白書─更生を支援する地域のネットワーク』(2017) p.3.

みると減少している。しかし，再犯者率（検挙人員に占める再犯者の人員の比率）に関しては，再犯者の人員が減少に転じた後も，それを上回るペースで初犯者の人員も減少し続けているため，1997年以降一貫して上昇し続けており，2017年は48.7％であった。[(2)]

『平成19年版犯罪白書―再犯者の実態と対策』で分析された再犯者対策の重要性は，犯罪の約60％が，犯罪者の30％を占める再犯者によるものである，という統計からも明らかである。[(3)]2003年，国民の安全・安心な暮らしを守ることを目標に掲げて設置された犯罪対策閣僚会議は，再犯者数を減らすことが我が国における刑事政策上の喫緊の課題となる中で，2012年7月に「再犯防止に向けた総合対策」として，出所後2年以内に再び入所する人を10年間で20％減少させることを数値目標として掲げた。また，前述の『平成19年度犯罪白書』での調査によって，帰住地と就労が定まっていないこと，特に高齢であることや障害を有することが出所後の自立を困難にし再犯率を上げる要因のひとつであることが明らかとなったため，いわゆる刑務所からの出口支援として，就労支援等が積極的に行われるようになり，刑務所出所者の再犯防止のためには，刑事司法関係機関を含めた多機関が相互に緊密に連携して行く必要性や，それまであまり認識されてこなかった福祉的支援の必要性が確認された。出所時に就労や住居を確保することが出所後の再犯防止のためには大きな役割を果たしていることから，刑事手続き終了後を見据えた，息の長い支援体制の充実・強化を図ることになったのである。

そのような中で，特に障害を有している者については，出口支援だけにとどまらず，刑事司法の入り口の段階で福祉的視点からの支援に力を入れ，そもそも，刑務所に入所させない，いわゆる入口支援の問題もクローズアップされるようになってきた。初期段階で適切な支援として，犯罪者として処罰する以外の方策や，施設内で処遇するのではなく社会内処遇をすることの重要性に着目されるようになってきたともいえる。

---

（2）　前掲注。
（3）　法務省法務総合研究所『平成19年版犯罪白書―再犯者の実態と対策』（2007）222頁。

本論文は，このような我が国の状況の中で，施設内以外での，いわゆる社会内処遇がどのように実施されているのかということについて，障害を有する人を念頭におきつつ，特にオランダに着目したものである。オランダは，麻薬政策や売春非犯罪化をはじめとして，社会内での再統合に力を入れる刑事政策をもつ国として知られているからである。

## 2 オランダにおける犯罪統計と刑罰制度

### 1 オランダという国

九州とほぼ同面積の小さな国であるオランダは，人口が約1,700万人である。我が国と同様犯罪の認知件数は減少しており，2016年の統計では200万件弱であった。有罪率は比較的高いとはいえ日本よりは低く80％前後で推移していて，自由刑は，全部執行猶予および一部執行猶予を含むと年間35,000人に宣告される。刑務所人口は10万人当たり61人でこれは日本の41人の1.5倍にあたる。ただし最近は刑務所の収容定数に対して収容者数が少ないために，その収容率の低さが大きな課題とされ，外国の受刑者を収容するというユニークな運用が注目を集めている。

矯正・保護の分野では，オランダも再犯防止と社会の安全の確保が最重要課題とされるが，必ずしも応報的な側面だけを重視して自由をはく奪することではなく，刑事処分制度を運用して，再犯防止，いわゆる特別予防の側面も前面に出して刑罰制度を議論する。そして，オランダ人は，自律的に生き

---

（4） Centaal Beaurau van Statistic（https://opendata.cbs.nl/statline/#/CBS/nl/dataset/37340/table?ts=1584301535826）．
（5） 前掲注（4）。
（6） World Prison Brief（http://www.prisonstudies.org/）．
（7） 出所後の再犯に着目した実証研究も多く，例えば，最近のものとして，Berghuis M., "Reentry Programs for Adult Male Offender Recidivism and Reintegration：A Systematic Review and Meta-Analysis." Int J Offender Ther Comp Criminol., 2018, 62(14)：4655-4676. や Ramakers A, Nieuwbeerta P, Van Wilsem J, Dirkzwager A., "Not Just Any Job Will Do：A Study on Employment Characteristics and Recidivism Risks After Release." Int J Offender Ther Comp Criminol, 2017, 61(16)：1795-1818. がある。

ることに価値をおくため，社会の中でいかに自立した生活を送ることができるかという側面をより重要視する。そこには，自由を制限することをできるだけ回避する方策を探すべきであるとの共通認識があるように思われる。

　オランダでは，貿易で繁栄してきた長い歴史を背景として，さまざまなバックグラウンドをもつ人々の共存を目指し，徹底した議論を通して合理的な妥協策を模索しながら，多様性を受容する社会を構築しようと，寛容でかつ合理的な解決方法を見出してきた。再犯を減らすために刑務所出所者等を支援して，多職種連携しながら，共生社会の実現・再統合を目指すわが国の刑事政策上のモデルとして，学ぶ点が多くあるように思われる。

## 2　刑罰制度

　まず，オランダの刑罰制度を概観してみると，オランダには，刑罰のほか，我が国には存在しない，行為責任と比例せず責任無能力の場合にも科す刑事処分がある。刑罰も刑事処分も，特別予防的な側面が注目され，再犯防止や安全な社会の構築が積極的に謳われる。

　刑罰には，自由刑のほか，罰金，社会内処遇としての社会奉仕命令（taakstraf）[8]があり，付加刑には一定の権利はく奪，没収，公表がある。

　自由刑はオランダ刑法9条1項1号・2号に規定され，9条1項3号に社会奉仕命令（taakstraf），同9条1項4号に罰金に関する規定がある。社会奉仕命令については，刑法22b条以下に詳細が規定されている。再犯防止に有効な手段として，自由をはく奪せずに社会内での居住や就労等を継続させ，当然のことながら本人の人権擁護に関しても，透明性を確保しながら配慮がなされる。

　特筆すべきことは，社会奉仕命令は，2009年以降，裁判官による決定以外に，裁判前の検察の段階で，検察官命令（Strafbeschikking）として，検察官

---

（8）taakstrafとは，直訳すれば，仕事あるいは作業（taak）を科す刑罰（straf）である。我が国には現在存在しない種類の刑罰で，社会内で実施されるものであり，作業に対価も報奨金も支払われない刑罰であるので，社会奉仕命令と訳することにする。

による決定の言い渡しが可能な点である。検察官命令は，刑事手続きの迅速化や本人及び関係機関にかかる負担を軽減するため，一定の軽い犯罪に適用される制度で，もともとは交通事故を中心とした前身の司法取引（transactie）として開始された。統計によれば，制度が開始された2009年には5,663件であったが，2016年には33,377件にまで増加している。

### 3　刑事処分制度

　刑事処分は前述のように刑罰ではないので責任に比例せず，責任能力があれば刑罰と併科されることがある。刑事処分にはいくつかの種類があり，たとえば責任無能力であり，かつ，自傷他害のおそれあるいは公共の危険のおそれがある場合には，1年未満の精神科病院処分に付されて精神科病院に送致される（37条）。また，精神障害があって，重大な他害行為を行い，かつ公共の安全の確保の必要性がある場合には，TBS（Terbeskikkingstelling，監護）処分に付され，2年未満の一定期間を定めて特定のTBS施設に収容されて特別な処遇が行われるが，収容されずに特別な処遇を受ける条件付きで社会内処遇としてのTBS処分に付される場合もある（37a条）。TBS処分は，いわゆる人格障害者等の精神障害を有する者が対象となり，公共の安全の確保のために社会治療等さまざまな治療が行われ，公益上さらに長期間の治療が必要と認められた場合には，裁判所は延長を決定する。期間の終了や延長，施設収容か社会内処遇かなどは全て裁判所の決定による点は日本の医療観察法と同様である。

　さらには近年増加する累犯者に対応するため，今刑の言い渡し前の5年間に3回の有罪判決の言い渡しを受けた者を対象とするISD（Inrichting voor stelselmatige daders，累犯者処遇）処分も導入された（38m条）。ISD処分に付さ

---

(9) Van de Bunt H.G., Van Gelder J-L., "The Dutch Prosecution Service." Crime and Justice, 2012, 41(1), 117-140.
(10) 前掲注（4）。
(11) TBS処分については，拙稿「オランダにおける触法精神障害者対策の現状と課題」町野朔，中谷陽二，山本輝之 編『触法精神障害者の処遇（増補版）』（2006，信山社）所収。

れると，特定の施設等で2年間の治療と教育を受けることになるが，これには仮釈放制度は適用されず，TBS処分のような延長もなく，2年間という限定された期間の収容である。

## 3　オランダにおける社会内処遇制度

### 1　オランダの保護観察

　オランダにおいても刑罰は基本的には応報的に用いられるが，運用に関してはこれまで述べてきたように必ずしも応報的な側面だけを重視しているわけではなく，刑事処分制度があることからも，再犯防止のためにより有効な手段を模索してきたといえる。特に，再犯を繰り返してきた，あるいは再犯のおそれのあるような，単に処罰を科すだけでは再犯防止に有効とは思われない，障害を有する者や特別な配慮が必要な者には自由刑以外の自由を奪う刑事処分や，社会内処遇を活用する。刑事司法の効率的な運用として前述の検察官命令が多用されるのも，柔軟に法運用をしてきたオランダ的な刑事政策といえよう。

　オランダにおける社会内処遇の最大の特徴は，施設内処遇で生じるような弊害を回避しつつ，特に社会奉仕命令においては，社会内に居場所と出番を作り，本人の自己有用感を涵養するところにある。つまり，ひとたび施設に収容されれば，それまでの治療や雇用関係，家族関係の継続が困難であるが，社会内で処遇すれば，本人のそれまで継続していた関係を維持させ，施設処遇終了後の社会復帰の困難も回避することができるのである。またオランダでは常に実用的な側面や経済的側面を前面に出して議論するため，施設内で処遇することよりも，社会内で処遇することの経済的な利点も大きな理由のひとつである。近年，オランダの刑務所収容率の低下はヨーロッパでも着目されるところであり，オランダでは施設の統廃合のほか，使用されなくなった施設をホテルに転用したり，空いている居室を，近隣のヨーロッパ諸

国の受刑者に貸し出したり，などユニークな政策も打ち出している。

## 2　保護観察の運用

オランダで保護観察を付す場合には，保護観察付執行猶予（14a条以下）と仮釈放後の保護観察（15条）がある。日本では仮釈放後に保護観察が必要的に付されるのとは異なり，オランダでは仮釈放後の保護観察は任意的に付される。さらに，日本では地方更生保護委員会が仮釈放の可否を決定し，期間は残刑期間の全期間に及ぶが，オランダでは，仮釈放の有無や，残刑期間を越えない期間の長さ，さらには遵守事項も，検察官が決定する（15a条5号）。具体的には，自由刑1～2年の場合には1年あるいは刑期の3分の2の期間が経過した後，自由刑が2年を超える場合には刑期の3分の2が経過した後，仮釈放が許可される（15条）。実際にはほぼすべての事例で仮釈放が許可されて，刑期よりも早く出所する。

## 3　オランダ保護観察所

オランダの保護観察制度は，主にオランダ保護観察所（Nederland Reclassering）が担っている。オランダ保護観察所は，オランダ司法国家安全省（Ministrie van Justitie en Veiligheid）から業務を委託される形式をとるため，司法国家安全省の監督を受けながらも，独立した機関である。保護観察制度の歴史は古く，1823年に開始された。当初から，保護観察所のほか，民間団体である，全国物質依存者処遇団体保護観察部門（Verslavingsreclassring），救世軍保護観察部門（Leger des Herls）に委託されていたが，最も大きな予算配分を受けて大きな組織としての役割を担っているのが保護観察所である。

## 4　保護観察所の業務

保護観察規則（Reclasseringsregeling 1995）8条によれば，保護観察所の業務

---

(12) Independent（31 May 2017）"Dutch Prisons are closing because the country is so safe".

のひとつは，被疑者が逮捕された後すぐに活動開始し，判決や遵守事項内容に係る判決前調査を行うことである。被疑者に精神障害等があるかどうかを判断し，そのことによる本人への支援などを実践するほか，社会奉仕命令や，精神障害者に対するTBS処分（通院処遇）の監督等，オランダにおける社会内処遇を担っている。

現場の保護観察官は，2017年現在1,928人であり，ソーシャルワーカーとしての資格を有している。[13] 保護観察所が国家機関ではないことから，立場としては公務員ではなく，また，オランダの一般社会と同様，フルタイムといっても，週4日程度の勤務の者が多い。

実際の活動に関する2016年の統計によれば，①逮捕直後（被疑者段階）の初期支援5,526件，②判決前社会調査と司法機関への意見書作成が27,089件，③保護観察におけるいわゆる（指導）監督として，遵守事項等の監督が19,440件，④社会復帰への行動訓練が780件，そして⑤刑罰である社会奉仕命令の監督が29,499件であった。[14]

このうち，日本の保護観察制度にはないが，特に特徴的と思われるのは，①でいう身柄拘束直後の段階に早期から介入・支援をする活動であろう。被疑者本人に関して，勾留によるダメージ等を調査し，たとえば治療中の者については治療中断のリスクを見極めたり，治療継続の可能性を探る。就労中の者についても同様である。また家族やペット等の個人的事情についても詳しく聞き取り，本人にとってストレスのかかっている状況について，できる限りの支援を行う。本人の障害の程度や健康状態，さまざまなリスクの判断も同時に行い，それらの情報は，検察や裁判所に伝える役割も担う。それが上記②の業務である。それらの情報は，当然，検察が起訴するかどうかの判断や量刑にも影響する。

我が国でいう検察等の行う入口支援であろう。日本の入口支援は最近開始

---

(13) オランダ保護観察所（Nederland Reclssering）のHP（https://reclassering.nl/over-de-reclassering/cijfers-en-feiten）による。
(14) 前掲注（13）。

されたばかりの制度とはいえ，その重要性について注目されている。つまり，刑事司法の入口段階で，検察が起訴するかどうかの決定に際し，どのような福祉的な支援や医療の継続が再犯防止に有効であるか，という視点も勘案し，起訴をしないか，あるいは起訴するにしても執行猶予を求めるなど，刑を執行する以外の視点をとり入れるものである。刑務所の中には一定の割合で精神障害を有する者がいるが，そのような者にとっては，継続的な治療や刑務所に収容されることで支援が得られにくくなっているからである。もし起訴されれば，被告人側の弁護士が，執行猶予を求めて，たとえば精神障害への治療等に関して更生保護計画を準備することも行われている。

　異なる立場の異なる機関が，本人が再犯を行わずに社会内で生活する方策を模索するにあたり，対象者本人の情報共有のあり方が問題となろう。その点，オランダは，身柄の拘束直後から保護観察所がかかわり，対象者の社会復帰に必要な事項の情報を独立的立場で収集し，その情報を刑事手続きの各段階において刑事司法機関と共有し，対象者の再犯を防止し社会復帰を目指す。有罪となり自由刑が執行される場合であっても，そのような情報は刑務所処遇にも生かされ，保護観察官が刑務所を訪問する際にも活用される。すべての情報は社会復帰という長期的視点の下で収集されるのである。

　③でいう指導監督は2016年には19,440件行われた。起訴猶予，執行猶予，条件付きTBS処分，電子監視等の際，遵守事項や付された条件を遵守しているかを監督し，本人が法を遵守して遵守事項にしたがった行動パターンの生活へと移行させるべく監督するのである。本人の自由を制限する側面もあるが，指導もうまくいかず本人が遵守事項に違反した場合には司法機関にその旨を通告することになる。

## 4　社会奉仕命令

### 1　社会奉仕命令に関する規定

　上記の⑤にある社会奉仕命令は刑罰として行われるものである。

刑法22b条にいう社会奉仕命令（taakstraf）とは，刑法9条1項によれば，社会奉仕活動（werkstraf）と教育訓練（leerstraf）をいう。対価は支払われない（22c条1項）。

　罰金刑との併科は可能であるが，重大犯罪や自由刑6年以上が規定されている犯罪や身体犯には科されない（22b条1項）。これは社会奉仕命令が刑罰であっても社会内で科されるものである性質上，当然のことであるが，その帰結として，オランダ独特の制度である，（裁判官ではなく）検察官命令として科されることもある。

　最大240時間の一定期間，刑罰として裁判所により科される場合には，社会奉仕命令の具体的活動内容も判決として言い渡され，検察官命令による場合は，最大180時間の一定期間，内容は検察官によって命じられる（22c条1項2項）。

　本人が社会奉仕命令の現場に現れない不出頭等，裁判所が中止を決定し拘留がそれに代わって言い渡されることもある（22d条）。そのほか，検察官は保護観察所に社会奉仕命令の実施状況の報告を求めることができ（22e条），変更等の場合は刑罰執行権限のある検察官の判断によって行われる（22f条）。いずれの場合も2時間分が，拘禁1日に該当する（22d条3項）。

　原則として，刑罰として実施される場合には，裁判官による刑の宣告から1年以内に終了し，検察官決定の場合には決定から6ヶ月以内に終了する（22c条3項）。約87%で無事終了するが，残りの約13%は不出頭などの問題行動を起こすか疾患その他理由により，検察官判断となる。[15]

　なお，遵守事項（アルコール，薬物等の不使用など）の監督について，18歳以上（オランダの成人年齢）の対象者に対しては保護観察所が，18歳未満の対象者については，司法国家安全省青少年保護局が担当することになっている。

　その他本人の権利・義務に関しては，政令の定めるところによる。

---

(15)　2015年9月5日に実施した，ユートレヒト保護観察所長のヤン・フルーンフェルト（Jan Groenveld）氏へのインタビューによる。

## 2　社会奉仕命令の内容

最後に，社会奉仕命令が実際にはどのように行われるかを概観する。[9]

通常はグループ活動によるが，単独での活動による場合もある。グループによる場合，ひとつのグループは7名前後の対象者により構成され，まず保護観察所に集合してから保護観察官2名が付添い，公園や公共のスポーツ施設等の清掃活動を実施する。その際，対象者は社会奉仕活動の実施中であると判別可能な服装（ベスト）や頑丈な靴を着用するが，実際に非常に目立つ色であるのは社会の安全のためであるという。

対象者が精神障害等問題を抱えており，屋外等で他の対象者との共同作業が困難である場合には，保護観察所内で簡単な作業に従事する。2017年9月4日に実際に見学した際，4〜5名の対象者たちは実にゆっくりなペースでのんびりと会話しながら，プラスティック製のボトルの組み立てを実施していた。保護観察官によれば，納期も規定がないという契約であり，保護観察官側としても焦ることはないという。[17]

個人単位で活動を実施する場合には，病院や福祉施設等の手伝いなど，社会のために役に立ち，自己有用感を涵養できるような活動に従事する。管理職等一定の者を除くと，当該施設等の雇用者も利用者も，本人が社会奉仕命令の対象者であることは知らされない。

グループの活動になるか個別の活動になるかは，違法行為の内容や性質，インテーク中の行動パターンや本人の状況，例えば依存症や精神医学的な問題等を勘案するため，保護観察官によるアセスメントが非常に重要になる。その意味で，保護観察官は，社会の安全を守っているとの自負を有しながらさまざまな業務を担うのである。

---

(16)　前掲注（15）。
(17)　2017年9月4日，アムステルダム保護観察所を訪問し，所内での作業やアムステル（Amstel）公園での作業に同行し見学させて頂いた。

## 5　おわりに

　我が国でも検察官による求刑に際し特別予防の面も十分考慮に入れる必要性が指摘される[18]など，再犯防止対策として，刑務所出所時の出口支援から，むしろ入口支援の重要性に着目されるようになってきた。その点，これまで述べてきたように，オランダでは刑事司法の入口，逮捕直後の早い段階で保護観察所が介入する。多くの場合対象者は精神障害などさまざまな困難を抱えているためその点に配慮しながら，再犯防止という社会全体が目指す方向に焦点を当てて，本人への支援活動を開始する。そして得られた情報は検察当局や裁判所にも提出されて活用されるし，刑務所での処遇にも有用となる。とかく縦割りとなりがちな刑事司法の各機関に対して，柔軟な形で横断的な役割を果たし，本人への支援をしていくオランダの保護観察官の役割は，日本でいう，医療観察法における社会復帰調整官と同様である。しかし我が国においては，一般の刑事手続きの中にこのような役割を果たす職種は存在せず，多機関による個人情報の取り扱いという複雑な問題が絡んで，情報共有が困難な状態は，社会全体で取り組むべき再犯防止と本人の社会復帰という側面から，望ましいとはいえまい。

　刑罰は応報的に用いられるという原点を有しながら，本人の抱えている困難性に目を向け，刑事手続きの中で，継続的に支援を行うオランダの柔軟な制度運用は，我が国の再犯防止対策にひとつの指針となるように思われる。新たな機関や職種を設ける抜本的な改革を行うまでもなく，現在ある機関が，少しずつその役割の範囲を拡大しつつ互いに対象者本人の情報を共有することで，本人の支援を実施することは不可能ではないのではないだろうか。矯正と精神保健福祉分野の連携は，今後益々必要であり，実践されていくべきだと思われる。

---

(18)　林真琴「検察官の求刑と刑事政策」罪と罰207号（2015年）2頁以下。

□講　演□

# 「認知症医療・介護と法」雑感

東京大学名誉教授<br>松　下　正　明<br>まつしたまさあき

　演者は，現在，もっぱら高齢者の認知症医療にたずさわっているが，その日常診療の中で，認知症の人やその家族にとって，法律との関わり，あるいは当面しなければならない法律的諸問題が，多岐にわたり頻繁に生じていることに気づかされる。法律の理解なしに，認知症の医療や介護を進めることはできないと言ってもいい。

　本講演では，一人の認知症専門医が，個々の認知症の人や家族と接しながら感じた法律との関連問題について私見を述べるが，それはどちらかというと雑感に近い。しかし，雑感とはいえ，その講演の根底にあるのは認知症医療や介護の現状に対する不安，危機感，批判と，その現状に法律がどのように関わっているのかという問題でもあり，必ずしも気楽な話ではない。

## 1　アルツハイマー型認知症とは何か

　認知症といっても数多くの疾患があるが，なかでも，アルツハイマー型認知症は，65歳以上の高齢者では5割以上，80歳以上の超高齢者では，ほぼ9割を占める。「高齢期における認知症といえばアルツハイマー型認知症である」とみなしても大きな誤りはない。

　したがって，アルツハイマー型認知症とはどのような状態なのかというアルツハイマー型認知症の本態を正確に理解していることが，認知症医療・介

護と法律を考える上でも，基本的に重要である。ところが，一般社会はもちろんのこと，法律家や多くの精神科医を含めた専門家のなかでも，アルツハイマー型認知症を正しく理解している人は極めて少ない。

アルツハイマー型認知症にみられる病態は，脳内に，アミロイド蛋白（Aβ）が蓄積し，全脳の神経細胞内では細胞の骨格をなすタウ蛋白のリン酸化がみられ，それらの理由により，全脳の神経細胞が変性・脱落していくことにある（この3つの病変をまとめて老化性脳病変という）とされている。このこと自体はまったく異論のないところであるが，しかし，一方で，これらの老化性脳病変はアルツハイマー型認知症のみにみられるものではなく，すべての高齢者に万遍なく現れてくる現象でもある。つまり脳の自然な老化現象として必然的に出現してくる脳の変化であるという事実である。このことを正確に理解しておかねばならない。

ただ，アルツハイマー型認知症の高齢者と正常の高齢者の両者では老化性脳病変の出現の程度が異なり，認知症では多量に，正常高齢者では少量にみられる。つまり，アルツハイマー型認知症と正常高齢者の脳病変の間には，病変における質的差異はなく，量的差異しか存在しない（図1）。

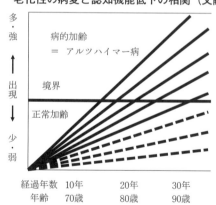

図1 老化性の病変と認知機能低下の相関（文献2）

アミロイド蛋白沈着・神経原線維変化・神経細胞消失の3つの脳病変は，加齢とともに増加してくる。増加の程度がある閾値を超えると認知症が出現。実践群と点示線群とは連続している。

個人差はあるとしても一般的に言えば，老化性脳病変は加齢とともに増加し，その量がある閾値を超えると，臨床的に認知症という症状を出現させるとされる。図1にみるように，加齢とともに増加してくる脳の老化性病変がある閾値を超えないと，認知機能は低下してくるものの，認知症という状態にはならないし，その閾値を超えると認知症と診断されることになる。そして，多数の症例を調べてみると，認知症を呈する群と呈しない群との間には画然とした区別があるのではなく，両者の群には連続性があることが証明されてきた。

　このようなエビデンスをみると，アルツハイマー型認知症は独立した脳の病気として考えるのではなく，通常の脳の老化現象が極端に強まっていることによって生じる現象と捉えた方がいい。演者が昨今そのことを，「アルツハイマー型認知症は病気ではない」と言い続けているが，その最大の理由である。[1][2]

　アルツハイマー型認知症は特定の人にだけに生じる，いわゆる脳の特殊な病気ではなく，人間の自然な老化現象の一つとして現れる状態という思想は，認知症を理解するうえで本質的なものである。かつての日本の社会では，歳をとるとともに，人は，自然の成り行きとして，耄碌し，老耄になるとされていたが，まさに，その耄碌や老耄こそが，現代風にいえば，アルツハイマー型認知症のことであり，それは自然の脳の老化によって必然的に発現してくる状態のことであると理解されねばならない。換言すれば，ほとんどの人間は加齢とともに，いずれはアルツハイマー型認知症になる可能性をもっているという認識である。

　以上のことを別な表現でいえば，認知症に関わる問題は，高齢者一般の問題でもあるという認識である。認知症問題＝高齢者問題であり，東大法学部

---

（1）　松下正明：アルツハイマー型認知症は"病気"なのか？　日本医事新報4830：66-68，2016

（2）　松下正明：認知症ケアは何をめざしていくべきか―アルツハイマー型認知症の理解と共感―．生存科学36：21-34，2015

の樋口範雄教授は,「高齢者問題は法律問題である」(3)と述べられているが,その語り口でいえば,「認知症問題は法律問題である」と言えなくもない。

## 2 事故死した認知症の人の家族への損害賠償請求事件（名古屋）

　認知症の人の介護とは何かを考えるうえで，JR東海事件は示唆的である。
　平成28年の3月，事故死した認知症の人の家族への損害賠償請求事件について，損害賠償請求は認めず，旅客鉄道会社敗訴，家族勝訴という最高裁判決がだされ，多くの認知症の人を抱える家族への朗報として，マスメディアはこれこそ名判決だといった報道が続いた。しかし，都立松沢病院の斎藤正彦院長によって，最高裁判決は認知症医療の立場から見るとかなり違和感があるということが指摘されており，演者もまた斎藤意見に同意するものである。この事例では，法律的に，介護に責任を持つ監督義務者は誰かという論議に終始するが，認知症医療・介護の立場から言えば，監督義務者は当然存在しなければならず，本事件においても現実には存在しており，法的な監督義務者は存在していないから，妻や長男には損害賠償責任はないという最高裁判決は実態を正確に捉えていないという印象をもったものである。
　事件は，平成12年頃より認知症症状が出現し，平成14年にアルツハイマー型認知症と診断され，その後認知症は進行し，平成19年には，要介護4に至るまでになった91歳の男性が，平成19年12月7日，JR東海の所有する列車によって轢死し，鉄道会社がその事故によって列車運行に支障をきたしたという理由で，男性の妻，子どもらに対して，損害賠償を請求した事件である。
　民法709条，714条の不正行為に関わる裁判で，名古屋地裁では，妻および長男が賠償責任あり，名古屋高裁では，妻にのみ賠償責任ありとされ，最高

---

（3）　樋口範雄：超高齢社会の法律，何が問題なのか．朝日新聞出版，東京，2015

裁では，妻や長男には賠償責任はないという判決であった。裁判で争われたのは，妻や子どもたちは，法定の監督義務者であるかどうかの点であった。

最高裁の判決にみるように，妻や子どもには法定の監督義務がないとされたとしても，実際の認知症の医療やケアの現場では，認知症の人を抱える家族には監督義務者の存在が必要であり，その人を中心に，認知症の人への治療や介護がなされるのが常である。そのような観点からみると，法定の監督義務者ではなくても，実際の認知症の人の監督義務者は誰であったのかを問わずにすむものであろうかという違和感である。

先に，認知症医療・介護の立場から言えば，監督義務者は明らかであり，その最高裁判決は実態を正確に捉えていないという印象があると述べたが，実際には，最高裁の判決文には，「法定の監督義務者に該当しない者であっても，責任無能力者との日常生活における状況に照らし，第三者に対する加害行為の防止に向けてその者が当該責任無能力者の監督を現に行っているなどその監督義務を引き受けたとみるべき事情が認められる場合には，衡平の見地から法定の監督義務を負う者と同視してその者に対し民法714条に基づき損害賠償を問うことができる」と書かれている以上，認知症の父親の介護に責任をもった長男がなぜ法定の監督義務者でもなくそれに準ずべき者にもあたらないとされたのか，認知症専門家からみると不可解に思われ，したがって，最高裁判決には認知症医療・介護の実態を正しく理解していなかったのではないかと思わざるをえない感想がある。最高裁判決は，たとえ法律論であったとしても，認知症医療の現場との乖離があったのである。

## 3　成年後見制度

成年後見制度については，制定後，さまざまな問題が派生してきていることはよく知られている。その一つに，すべてが高度の認知症とは思えないのに，後見開始がきわめて多いという状況がある。

成年後見関係申立件数は年々増加の傾向にあるといわれている。最高裁判

所からの報告によれば，平成28年の1年間で，後見総数は34,249，うち，後見開始は26,836件（78.4％），保佐開始5,325件（15.5％），補助開始1,297件（3.8％）であった。これらの数値の推移を年度別にみると，年々後見開始は微減し，保佐，補助が微増している傾向があるが，それにしても後見制度を活用している認知症の人の8割が，財産管理，契約管理等のすべての権限が後見人に委譲されるという後見開始に相当するという実態は，認知症診療にたずさわる専門家の目からみれば，いささか異常事態と思わざるをえない。

演者は，たとえ認知症がみられたとしても（とくに軽症〜中等症の場合），制度の趣旨に基づき，財産管理に関わる認知症の人の意思や自己決定権を尊重しながら，制度を運用しようと心がけている。認知症の程度が極めて重度で，状況の判断もできず，言語上のコミュニケーションがとれない状態であればともかく，記憶障害が強くとも，瞬間的な判断能力では軽度〜中等度であれば，保佐，補助の判断で，診断書を書くことが多い。そのような自らの経験から言えば，後見開始が極めて多数であるという事態の背景に，医師が書く家庭裁判所宛ての後見制度にかかわる診断書の問題があるのかもしれない。

家庭裁判所では，精神鑑定はなされずに，診断書だけで後見等の判断をしていることが多いという報告があるので，後見制度に関わる診断書は認知症の人の意思を尊重する意味でもきわめて重要であると思われる。しかし，それらの診断書が専門家によって正確に記載されているのか確認はされていない。

演者は，一体診断書は誰が，どのような状況で書いているのかという疑問を常々抱いている。おそらく家族やケアマネの要望で，かかりつけ医が気軽に診断書を記しているという印象をもつ。家庭裁判所からの案内では，診断書は書いても精神鑑定書は別な人が記してもいいことになっているので，な

---

（4） 最高裁判所事務総局家庭局：成年後見関係事件の概況—平成28年1月〜12月。

おさらかかりつけ医は気軽に，精神鑑定は引き受けないが，診断書は書きますという状況があるように思われる。そして，家庭裁判所はそのような経緯で記された診断書で後見等を判断するということになる。

そしてまた，家庭裁判所の判断は，どちらかというと診断書に依存的で，鑑定料のことや精神鑑定書を引き受ける専門家が少ないという事情があるにしても，精神鑑定を実施するのがきわめて少ないという印象をもつ。

演者は，診断書や精神鑑定書を正確に詳細に記すことが，認知症の人の財産処分権利の尊重とノーマライゼーションの実現に深くつながっているという認識をもつ。もしそうであれば，たとえば，家庭裁判所は，診断書を書く人が精神鑑定書も書くという原則を提示し，診断書と精神鑑定の実施にもっと力をいれることになれば，後見・保佐・補助の判定は認知症の人の権利擁護に傾いていくのではないだろうかと考えている。

## 4　認知症の人の自動車運転免許

認知症の人による交通事故の多発という社会状況のもと，平成13（2001）年の道路交通法改正により，認知症が初めて法の規制対象となってきたが，平成27（2015）年6月での改正道路交通法公布（平成29年3月12日施行）では，75歳以上の免許更新時の認知機能検査と高齢者講習の受講義務に加えて，信号無視，一時停車無視などの一定の違反をした75歳以上の高齢者に対して，臨時に認知機能検査や臨時高齢者講習の実施が導入されることになった。そして，それらの認知機能検査において，認知症のおそれがある第一分類と判定された人は，認知症専門医療機関受診の義務化，認知症と診断された場合の免許取り消しが法制化された。

実際の認知症診療場面では，演者は，認知症の人の環境，生活様式など考慮しながら，認知症や見当識障害が軽度の場合，そして，運転技能に問題がなさそうだと判断されるとき，できるだけ運転免許の返却や破棄は先に延ばしてもいいという観点に立つ。認知症の人の生活権の擁護という意味があ

る。また，運転免許の返却，あるいは更新辞退の場合，診断する側が，可能な限り，認知症の人自身の納得を得る努力を惜しんではならない。いわゆる自主返納の勧めである。

　認知症診療に関わる専門学会である日本老年精神医学会と日本認知症学会では，2015年改正道路交通法に関する提言がなされている。日本認知症学会での提言を紹介しておく。

> 「高齢者や認知症の人の尊厳を守り，運転中止後の本人ならびにその家族の生活の質を保証することが重要。以下の対策が必要である。
> 1　運転中止後の生活の質の保証と運転免許の自主返納促進：公共交通システムの再整備，代替交通支援システムの開発，
> 2　運転能力の適正な判断基準の構築：
> 　運転不適格者かどうかの判断は医学的な「認知症の診断」に基づくのではなく，実際の運転技術を実車テスト等により行う。」[5]

　いずれにしても，認知症の専門家は，高齢者，あるいは認知症を伴った高齢者の運転免許については，専門家の指示ではなく，専門家の意見を聞きながら，自主的に返上するのが現時点では最良であると考えている。演者もまた同感である。ただ，認知症の診断よりは，実際の運転技術による判断というのは，いささか現実に合わないと考えている。運転技術が優れていても，見当識障害が強く，目指した方向に向かって車を操作できないという例は少なくない。

　しかし，将来的には，認知症と一言でいっても，個々の症状は様々で，もし，学問的に，ある症状があれば種々の運転能力に支障をきたす可能性が高いということが実証できれば，たとえ認知症全体は軽度であっても，その特徴的な症状があれば，運転免許の返却もやむをえないとも考えられる。もっとも，私見では，自動車運転に障害をもたらす特異的な症状に関しては，医学的に実証されているものは未だ見当たらない。そのような意味では，認知症の人の自動車運転免許問題は，法律の問題であるとともに，今後の認知症学の問題でもある。

---

（5）　日本認知症学会ホームページ（http://dementia.umin.jp）を参照。

## 5　老人ホーム・高齢者介護施設で，認知症の人の権利は擁護されているのか

　周知のように，老人ホーム・高齢者介護施設には，種々のタイプがある。大きく，公的施設と民間運営施設に分けると，公的施設には，介護保険施設（特別養護老人ホーム，介護老人保健施設，介護療養型医療施設）と福祉施設（軽費老人ホーム，介護型ケアハウス，養護老人ホーム）があり，民間運営施設は，有料老人ホーム（介護付有料老人ホーム，住宅型有料老人ホーム，健康型有料老人ホーム）とその他の施設（サービス付き高齢者向き住宅，グループホーム，シルバーハウジング）に分けられる。

　将来的には，認知症の人の多くは，在宅というよりは，介護福祉施設で生を全うすることになると思われるので，介護福祉施設の充実，とくに施設内での人権の擁護，人間の尊厳が厳守されているのかどうかが喫緊の課題となると思われる。

　実際の問題では，上記に挙げた施設の多くでは，それらの原則は厳守されているが，しかし，その中でも，中等度～重症の認知症の人を受け入れている施設では，家族の同意を得たという理由のもと，入所した認知症の人に対して，単独外出不可，家族の食品持ち込み禁止など認知症の人の自由を制限することが一般化されている印象がある。施設としては，無断で外出して，事故にでもあうと責任問題となることへの防衛策でもあるのだろう。

　精神障害者の措置入院，医療保護入院，自由入院などを経験している立場から言えば，認知症の人の事故を防ぐという理由だけで，家族や施設の都合で，認知症の人の権利擁護が放棄されていいものかどうか，疑問なしとしない。認知症の程度が中等度以上で，場所の見当識が目立つタイプの人であれば，人権の制限もやむをえないかもしれないが，そのような場合でも，認知症の人の人権を制限する行為は，一体，どのような法律に基づきなされるのか，どのような法的根拠をもって，誰が人権を制限する行為をなす権限をも

つのか，普段の診療のなかで，疑問をもつことが少なくない。

　認知症の人の権利擁護という観点から，とくに，民間運営施設である，介護付き有料老人ホームなど含め，実態調査を行い，もし，認知症の人の権利を損なうようなことがなされている状況が存在するのであれば，人権に関わる法の整備をしなければならないのではないかと思われる。

　詳細は，また別の機会に論じたい。

## 6　Anti-3Aに向けて

　法とは直接の関連はないかもしれないが，認知症の人の診療にあたって演者が最近もっとも懸念していることを，講演の最後に述べることにする。

　わが国の現代社会では，認知症の人への差別（Ageism），虐待（Abuse），排除・抹殺（Annihilation）［これらをまとめて3A現象と称する］，そして，その背景にある「認知症の人の生きる権利」を奪う思想が根強く蔓延していることへの懸念である[6]。

　高齢者蔑視観（ステレオタイプと神話）を基底とした差別は，日常生活で，地域や社会の環境で，公的機関（市役所や役場，銀行や郵便局など）で，交通機関で，雇用や職場で，あるいは法律・政治・経済など種々の場面で認められる。例を挙げるまでもない。

　虐待も多い。高齢者虐待防止法の施行（2006年）以来，厚生労働省から毎年報告されている「対応状況等に関する調査結果」の平成27年度によると[7]，要介護施設従事者等や養護者による高齢者虐待の相談・通報件数は年々増加している（それぞれ，1,640件，26,688件）ことからも，日本における高齢者・認知症の人の虐待の増加の様子が窺われる（図2）。とくに，顕著な現象は，介

---

（6）　松下正明：エイジズムから尊厳に満ちた地域社会へ—Butler RNの業績と3A（Ageism, Abuse, Annihilation）．老年精神医学雑誌28：447-457，2017

（7）　厚生労働省：平成27年度高齢者虐待の防止，高齢者の養護者に対する支援等に関する法律に基づく対応状況等に関する調査結果．平成29年3月21日．http://www.mhlw.go.jp/stf/houdou/0000155598.html

### 図2 要介護施設従事者等による高齢者虐待の相談・通報件数と虐待判断件数の推移

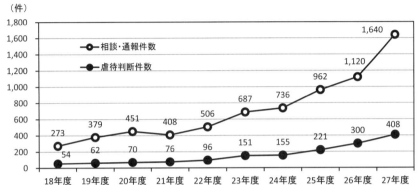

養護施設における虐待の報告数と虐待と認定された数の年次変化で，年々，増加していることが明示されている。

護施設に従事する者による虐待が激増していることである。

マスメディアでしばしば報道されるように，知的障害者の介護施設における排除・抹殺が想定される事例が散見されてきたが，いずれは認知症の人に対しても現実的になるのではと予測されたのは，平成28年7月26日，「生きるに値しない生命」として，元施設の職員による，19名の知的障碍者が殺害された相模原「やまゆり園」事件以来である。最近とくに，認知症の人への，ときには殺害に至るまでの事態が，有料老人施設等で頻繁にみられるようになってきたのもあるいは「やまゆり園」事件が影響しているのかもしれない。

このような，偏見・差別（Ageism），虐待（Abuse），排除・抹殺（Annihilation）という，かつての「生きるに値しない生命抹殺」[8]解除にみる論理，そして，それを理由として，精神障害者の安楽死（抹殺）[9]を行い，20

---

(8) Binding K, Hoche A：Die Freigabe der Vernichtung lebensunweten Lebens. Felix Meier, Leipzig, 1920

(9) Burleigh M：Death and Deliverance. Cambridge Univ. Press, Cambridge, 1994

〜30万人の障害者を殺害したナチスの政策を思わせるような3A現象がはびこる社会現象に対して，敢然と立ち向かって，闘っていかねばならないのは，認知症の診療にたずさわっている認知症専門家であるわれわれであるが，それとともに，司法精神医学に関わる精神科医や法律家もまたAnti-3A活動に与していただきたいというのが，本講演で述べたい最大の訴えである。

□シンポジアム「精神保健福祉法の改正について」□

# シンポジウムの趣旨について

千葉大学
五十嵐　禎人
いがらしよしと

## 一　はじめに

　2017年開催の第33回大会では,「精神保健福祉法の改正について—非自発的入院制度の検討をふまえて—」と題したシンポジウムを開催した。非自発的入院の是非や根拠,手続き,対象,実態などは,法と精神科医療の領域における重要な検討課題のひとつである。当学会発足の契機となったのは,いわゆる宇都宮病院事件を契機とした精神衛生法改正をめぐる議論であるが,それ以降も,当学会では,非自発的入院や精神衛生法・精神保健法・精神保健福祉法の改正をめぐる課題は,繰り返し,取り上げられてきた。最近では,2011年開催の第27回大会で,ミニ・シンポジウム「保護者制度の改革と精神医療」が,2016年開催の第32回大会で,シンポジウム「わが国における精神障害者の強制入院について」がそれぞれ開催されている。

## 二　精神保健福祉法改正をめぐる動き

　精神保健福祉法は,2015年6月に改正され,2016年4月から施行された。改正精神保健福祉法の附則第8条は,「政府は,この法律の施行後3年を目途として,新法の施行の状況並びに精神保健及び精神障害者の福祉を取り巻

く環境の変化を勘案し，医療保護入院における移送及び入院の手続の在り方，医療保護入院者の退院による地域における生活への移行を促進するための措置の在り方並びに精神科病院に係る入院中の処遇，退院等に関する精神障害者の意思決定及び意思の表明についての支援の在り方について検討を加え，必要があると認めるときは，その結果に基づいて所要の措置を講ずるものとする」と定めていた。これを受けて，2016年1月より「これからの精神保健医療福祉のあり方に関する検討会」が設置され，医療保護入院のあり方や新たな地域精神保健医療体制のあり方に関する検討が行われていた。

2016年7月26日相模原市の障害者支援施設に元職員が進入し，入所者を次々に殺害するという痛ましい事件（いわゆる「相模原障害者支援施設殺傷事件」）が起こった。同事件の被告人が事件前に措置入院していたことから，厚生労働省は，「相模原市の障害者支援施設における事件の検証及び再発防止策検討チーム」を立ち上げ，2016年9月14日に中間とりまとめが，12月8日に最終報告書が公表された。検討チームの中間とりまとめを受けて，これからの精神保健医療福祉のあり方に関する検討会でも，相模原事件や措置入院に関する医療のあり方に関する議論が行われるようになり，2017年2月8日，検討会の最終報告書が公表された。

これらの報告書の提言を踏まえて，2017年2月28日政府は，精神保健福祉法改正法案を第193回通常国会に提出した。改正法案では，措置入院者が退院後に医療等の継続的な支援を確実に受けられる仕組みの整備が重大な課題に位置づけられていたが，これをめぐり種々の議論がなされることとなった。改正法案は，参議院で一部修正され，附帯決議付きで2017年5月17日可決されたが，会議末のため継続審議となった。その後，2017年9月28日第194回臨時国会で衆議院が解散されたため，精神保健福祉法改正法案は廃案となった。

本稿執筆時点では，政府から新たな精神保健福祉法改正法案は提出されておらず，精神保健福祉法の改正は宙に浮いた状態にある。ただし，2018年3月27日に厚生労働省社会・援護局障害保健福祉部長通知として，「措置入院

の運用に関するガイドライン」（平成30年3月27日，障発0327第15号）ならびに「地方公共団体による精神障害者の退院後支援に関するガイドライン」（平成30年3月27日，障発0327第16号）が発出されており，精神保健福祉法改正法案に規定されていた措置入院患者の退院後支援の仕組みはある程度は，実現されている。

## 三　シンポジアムの概要

　本シンポジアムの企画は，2017年7月に行われた。当時は，精神保健福祉法改正法案は継続審議となっており，精神保健福祉法の改正は，法と精神医療学会のシンポジアムとして取り上げるのにふさわしいテーマであると考えてのことであった。

　シンポジストの報告の内容の詳細は，本誌に掲載される各シンポジストの論考のとおりであるが，簡単に内容を紹介しよう。

　1人目のシンポジストは，千葉大学社会精神保健教育研究センターの五十嵐禎人で，「非自発的入院制度の正当化原理―精神科臨床の立場から」と題する報告を行った。精神科臨床の立場から，非自発的入院制度の正当化原理は治療の必要性を要件とするパレンス・パトリエに基盤があると考えられることを報告した。

　2人目のシンポジストは，広島大学の横藤田誠先生で，「非自発入院の正当化根拠―法律家の立場から―」と題する報告を行っていただいた。憲法学の立場から，非自発的入院の正当化根拠に関する主にアメリカ合衆国における議論の推移が報告された。憲法は，非自発的入院に条件をつけることはできるが完全に否定することはできないこと，自由と健康という2つの価値の相克は容易には解消できず，関係者による地道な対話が必要であることなどが報告された。

　3人目のシンポジストは，千葉大学社会精神保健教育研究センターの椎名明大先生で，「精神保健福祉法改正案とガイドラインについて」と題する報

告を行っていただいた。精神保健福祉法改正法案の概要，先生ご自身が分担研究者を務められている措置入院に関する厚生労働科学研究班（「措置入院患者の退院後における地域包括支援のあり方に関する研究」）の研究の経過や研究班が策定した措置入院に関するガイドラインなどについて，ご報告いただいた。

　4人目のシンポジストは，神奈川県弁護士会の姜文江先生で，「精神保健福祉法はどこへ向かうのか」と題する報告を行っていただいた。憲法や障害者権利条約を踏まえたうえで，政府提案の精神保健福祉法改正法案の問題点や今後の法改正の課題についてご報告いただいた。精神障害者に対する差別・偏見を助長する可能性，退院後支援計画の作成が本人の不在の状況で行われ，自己情報コントロール権の侵害につながること，などの問題が指摘された。

## 四　おわりに

　シンポジストの方々には，シンポジウムにおける報告を基にして，さらに当日の議論やシンポジウム開催後の法改正の動向等も踏まえて，ご論考を執筆していただくことができた。シンポジストおよび会場で討論に参加された会員の方々に感謝いたします。

　今回の精神保健福祉法の改正をめぐる動向は，政治主導のいささか拙速な議論に基づくところがあったように思われる。その一方で，現在のわが国の非自発的入院制度のあり方には，さまざまな問題点が生じているのも確かである。本シンポジウムを契機として，今後，わが国における非自発的入院制度のあり方に関して，活発な議論が行われることを期待したい。

□シンポジアム「精神保健福祉法の改正について」□

# 非自発的入院制度の正当化原理
―― 精神科臨床の立場から ――

千葉大学
五十嵐　禎人
いがらしよしと

## 一　はじめに

　わが国における精神障害者に関する非自発的入院としては，「精神保健及び精神障害者福祉に関する法律」（以下，「精神保健福祉法」という。）の都道府県知事の権限による措置入院（精神保健福祉法29条）・緊急措置入院（精神保健福祉法29条の2），病院の管理者による医療保護入院（精神保健福祉法33条）・応急入院（精神保健福祉法33条の7）という4つの入院形態がある。これらのうち，緊急措置入院，応急入院は，それぞれ措置入院，医療保護入院の正式手続を行うことができないくらい患者の病状が悪く早急に入院による医療を行う必要がある場合に採られる入院形態である。医療の必要性の高さによる入院の緊急性を重んじ，法手続きを簡素化する代わりに，入院期間は72時間という短期間にするという制限を課した入院形態と考えることができる。したがって，非自発的入院の正当化原理を検討するうえで問題となるのは，措置入院と医療保護入院の2つである。

---

（1）　このほかに，「心神喪失等の状態で重大な他害行為を行った者の医療及び観察等に関する法律」（以下，「医療観察法」という。）の規定する医療観察法鑑定入院（医療観察法34条，60条）と医療観察法入院（医療観察法42条1項1号）があるが，これらは，心神喪失等の状態で重大な他害行為を行った精神障害者のみを対象としているので，以下の検討の対象とはしない。

## 二　自己決定と判断能力

　非自発的入院制度の正当化原理を考える場合には，患者を非自発的入院させることによる利益と患者の身体の自由を制限することとの比較が問題になる。この問題を考えるうえでの出発点は，Mill の他者危害の原理にあると思われる。19世紀イギリスの思想家 Mill JS は，その著書『自由論』(2)の中で，「文明社会のどの成員に対してにせよ，彼の意志に反して権力を行使しても正当とされるための唯一の目的は，他の成員に及ぶ害の防止」にあり，「いかなる人の行為でも，そのひとが社会に対して責を負わねばならぬ唯一の部分は，他人に関係する部分」であり，「個人は彼自身に対して，すなわち彼自身の肉体と精神とに対しては，その主権者なのである」，と述べている。倫理学者である加藤(3)によれば，Mill の他者危害の原理は，「①判断能力のある大人なら，②自分の生命，身体，財産にかんして，③他人に危害を及ぼさない限り，④たとえその決定が当人にとって不利益なことでも，⑤自己決定の権限をもつ」と要約される。重度の認知症や急性期の統合失調症の患者を考えればわかるように，精神疾患に罹患した人の一部には，永続的にせよ一時的にせよ判断能力の低下した状態にある人がいることは，よく知られた臨床的事実であり，そうした人々の多くは，患者本人の同意によらない医療や入院が必要となることがある。精神科医療における非自発的入院制度の問題を考えるためには，判断能力の評価の問題は避けることができない。

## 三　パレンス・パトリエとポリス・パワー
　　　—非自発的入院制度の正当化原理

　わが国の刑法学，医事法学，精神医学の分野で，非自発的入院制度に代表

---

（2）　Mill JS. On Liberty, 1859／塩尻公明・木村健康（訳）．自由論．東京：岩波書店；1971．
（3）　加藤尚武．現代倫理学入門．東京：講談社；1997．

**表1 精神科医療強制の正当化原理**

| 正当化原理 | パレンス・パトリエ<br>(parens patriae) | ポリス・パワー<br>(police power) |
|---|---|---|
| 判断基準 | 治療必要性基準<br>(treatment standard) | 危険性基準<br>(dangerousness standard) |
| 法律的位置づけ | メディカル・モデル<br>(medical model) | リーガル・モデル<br>(legal model) |
| 機能 | 後見的機能 | 保安機能 |
| 背景思想 | パターナリズム | オートノミー(自己決定) |
| 基本的人権 | 社会権 | 自由権 |

出典：五十嵐禎人　自己決定と公共安全．司法精神医学　第5巻　司法精神医療，山内俊雄編，中山書店，東京，310-318．2005　を一部改変

される非自発的な精神科医療の正当化原理として挙げられるのは，パレンス・パトリエ（parens patriae）とポリス・パワー（police power）という2つの考え方である（表1）。[4]

## 1　パレンス・パトリエ

　パレンス・パトリエは，国父思想とも呼ばれ，精神障害者は自己の医療的利益を自ら主体的に選択し決定する能力を欠いているから，親が子どもの面倒をみるように，本人に代わって社会が選択・決定して医療を加える必要があるとする考え方である。換言すれば，精神障害者は判断能力に問題があり，自らに必要な医療に関して自己決定権を行使することができないので，精神障害者本人に代わって社会が後見人として，医療の要否を判断すべきであるという考え方である。

　パレンス・パトリエに基づけば，判断能力に問題があり，自己決定権を行使できない精神障害者に関しては，医学上患者の利益になると考えられる場合には常に，患者本人の意思に基づかない医療を行ってよいということになる。こうした考え方は，メディカル・モデル（medical model）と呼ばれる。

---

(4)　五十嵐禎人．自己決定と公共安全．山内俊雄（編）．司法精神医学　第5巻　司法精神医療．東京：中山書店；2006．pp310-318．

メディカル・モデルでは,精神科医療は,法の介入をできるだけ排除して,医療的立場から行われるべきであると考えられ,非自発的な精神科医療の判断基準は治療の必要性となる(治療必要性基準:treatment standard)。

なお,パレンス・パトリエの背景には,パターナリズムが存在している。精神科医療施設における精神医学の悪用(abuse of psychiatry)[5]とされる事例の多くは,精神科医は,患者自身の意思や自己決定権を無視してもよいとする考えが背景にあり,これは究極のパターナリズムの表れと考えることもできよう。

## 2 ポリス・パワー

ポリス・パワーとは,精神障害者の社会に与える脅威を除去することに非自発的な精神科医療の根拠を求める考え方である。ポリス・パワーに基づけば,非自発的な精神科医療は,医療を目的にするものであるとはいえ,基本的人権のなかでも最も重要な身体の自由を奪って行われるものであり,刑罰による自由の制限と同様に刑事司法手続のような法の適正手続(due process of law)に基づいた場合にのみ許容されるということになる。こうした考え方は,リーガル・モデル(legal model)と呼ばれ,ここでの非自発的な精神科医療の判断基準は自傷または社会に対する危険性である(危険性基準:dangerousness standard)。リーガル・モデルでは,犯罪に対する刑罰の場合と同様に,社会的危険性を証拠に基づいて認定し,裁判所の責任においてこれを行うべきということになる。

前述したMillの他者危害の原理に示されるように,近代市民社会においては,その成員は,他者に危害を加えないかぎりにおいて,国家から介入されない権利をもつ。言い換えれば,他者に危害を加える者は,精神障害の有無にかかわらず,その身体の自由を制限される可能性があるのである。1960

---

(5) 松下正明.精神医学の悪用.中根允文,松下正明(編).臨床精神医学講座 S12巻 精神医学・医療における倫理とインフォームド・コンセント.東京:中山書店;2000.pp39-52.

年代後半から1970年代にかけてのアメリカ合衆国においては，憲法判断をめぐる訴訟を通じて，Mill の他者危害の原理に示される市民的自由としての人権（自由権）の観点から，精神障害者に対する非自発的な精神科医療，特に非自発的入院のあり方やその判断基準が検討された。この過程で，ポリス・パワーは，精神障害者の自由権の尊重を強化することによって，脱施設化を促進することになった。

しかしながら，過度の脱施設化の進行は，結果として，「回転ドア現象」や精神科病院退院後にホームレス化する精神障害者の増加，犯罪行為を理由に刑務所・拘置所等に収容される精神障害者の増加（「アメリカ最大の精神障害者収容施設（mental health institution）は Los Angeles County Jail である」といわれる），などの問題も引き起こすこととなった。こうした状況もあって，近年のアメリカ合衆国では，パレンス・パトリエの有用性が再評価されている。

## 四 精神保健福祉法の非自発的入院をめぐる法律学者の見解

わが国の法律学者の見解をみると，医療保護入院の正当化原理については，判断能力の低下した患者に対する後見的な治療介入，すなわちパレンス・パトリエに求めることが妥当であるということについては，異論はないようである。しかし，措置入院の正当化原理については，わが国の法律学者のなかでも，パレンス・パトリエによるとする者とポリス・パワーによるとする者とに大きく分けられる。

大谷は，精神保健福祉法に基づく非自発的入院の根拠について，「意思能力ないし社会的適応能力を十分に有していない精神障害者に対しては，その生存権を保障し福祉を図る見地から，本人の利益のために一定の強制権限を

---

(6) Peele R, Chodoff P：Involuntary hospitalization and deinstitutionalization. In：Bolch S, Green SA（eds）. Psychiatric Ethics 4 th ed. Oxford：Oxford University Press, 2009／片桐直之（訳）非自発的入院と脱施設化．水野雅文ほか（監訳）．精神科臨床倫理第4版．東京：星和書店；2011. pp245-266．
(7) 大谷實：新版精神保健福祉法講義．東京：成文堂；2010。

加えることが必要である」と指摘し，「精神障害のために病識を欠き適切な自己決定ができないと認められ，しかも医療保護が必要な者に対し，国がその自己決定を補い後見的な立場から医療保護を加えることは，かえって幸福追求権を保障することとなる」とし，非自発的入院の根拠はパレンス・パトリエに求めるべきであるとしている。川本は，「強制入院を認めるとした場合に，それが正当化されるのは，入院治療が患者にとって利益であり，その必要があるからであり，したがって，措置入院の場合にも，自傷他害のおそれという曖昧な要件は，保安的観点からではなく，むしろ患者の病状から判断しようとする立場が基本的には妥当であろう」としている。

これに対して，平野は，措置入院に関して，「本人のための医療保護入院であるならとにかく，他人を傷つけるおそれがあるといういわゆるポリス・パワーに基づく強制入院」と述べている。また，岩井は，アメリカにおける民事収容（civil commitment）の権限に関する考察をふまえて，「治療の必要と自傷のおそれのための強制入院がパレンス・パトリエの権能，他害のおそれのためのそれが，ポリス・パワーの権能にもとづくものということができる」としている。

## 五 精神科臨床におけるパレンス・パトリエとポリス・パワー[11]

実際の精神科臨床を考えてみよう。たとえば，入院患者を病棟外でのあらゆる危険から保護するために，病棟からの単独外出を禁止したとすればどうであろうか。このような医療では，患者の社会復帰や自立を阻害し，ひいては施設症（institutionalism）を強化することにもつながりかねない。このように患者の保護を優先する医療（パレンス・パトリエの過度の重視）は，精神科医

---

(8) 川本哲郎．強制入院の正当化根拠―精神保健法1987年改正．川本哲郎．精神医療と犯罪者処遇．東京：成文堂；2002．pp39-54．
(9) 平野龍一．精神医療と法―新しい精神保健法について―．東京：有斐閣；1988．
(10) 岩井宣子：精神障害者福祉と司法「増補改訂版」．東京：尚学社；2004．
(11) 拙稿 前掲注4)．

療として適切とはいえない。

　また，幻覚・妄想に支配されて行動する患者の表明する意思を無条件にその人の自己決定として尊重するあまり，行動制限や向精神薬の投与などの適切な処置を行わず，結果として患者が自殺したとすればどうであろうか。このように過度に患者の自己決定を尊重する医療（ポリス・パワーの過度の重視）もまた，精神科医療として本末転倒であることは明らかである。

　両者ともに極端な事例ではある。しかしながら，現実の精神科医療，特に非自発的入院に代表されるような非自発的な精神科医療が必要とされる臨床場面には，常に，パレンス・パトリエ的な側面とポリス・パワー的な側面とが潜在しているといえる。

　わが国の精神科医療を規定する精神保健福祉法においても，入院や処遇に関する細かな法規定が設けられているのは，ポリス・パワーの現れと考えることもできる。しかしながら，精神保健福祉法5条に規定される精神病質，あるいは，ICD-10における非社会性パーソナリティ障害やDSM-5における反社会性パーソナリティ障害などの場合を考えればわかるように，非自発的入院の正当化原理をポリス・パワーにのみ求めるとすれば，精神障害者であり，なおかつ社会に対する危険性を呈している者に対しては，たとえ本人に治療による利益が保障されない場合であっても，常に精神科病院への非自発的入院を行えることになってしまう。しかし，ヒポクラテスの昔から，医師は患者に対する奉仕を旨としてきたのであって，本人に対して治療による利益が保障されないような入院はもはや医療の名に値しないということができよう。

　インフォームド・コンセントに基づく医療の場合でも，患者の同意だけですべての医療行為が正当化されるわけではない。ある医療行為が正当化されるためには，その医療行為を行うことが，その時点のその患者にとって最善の利益であると医学的に判断されていることが，前提条件としてある。つまり，その時点の患者の病状を改善し，あるいは今後の病状の悪化を防止するためには，その医療行為を行うことがその患者にとって最善の選択であり，

利益であるということ，すなわち医療の必要性が，科学的根拠によって証明されているからこそ，それは正当な医療行為として許容されるのである。

　しかし，医療の必要性だけでは，医療行為を正当化することはできない。医療の必要性とは未来に関する予測の一つであり，すべての未来に関する予測と同様に一定の不確実性を伴うものだからである。インフォームド・コンセントに基づく医療では，この医療の不確実性は，その治療による予測される利益と危険性を本人に説明し，その同意を得ることによって阻却されていると考えられる。つまり，それが結果としてよい選択であれ，悪い選択であれ，人は自らの主体的選択の結果を，自ら引き受けなければならないと考えられるのである。そして，本人がそのような主体的な判断・選択を行うための判断能力（同意能力）を欠く場合，パレンス・パトリエを根拠に医療の強制は正当化されるのである。

　つまり，非自発的入院をはじめとした非自発的な精神科医療は，①「医療の必要性があること」，②「本人が同意能力を欠いていること」，というパレンス・パトリエが前提条件である。しかし，パレンス・パトリエを正当化原理の基盤に置くとしても，本人の自己決定（同意）に基づく医療ではない以上，医療の不確実性の問題は阻却されない。さらに，非自発的な精神科医療，特に非自発的入院は，自由の制限という基本的人権（自由権）の制約を伴うものであり，こうした権限を，医師に無制限に与えることは適切とは考えられない。こうした問題は，ポリス・パワーが要求するように，非自発的医療に関して通常の診療契約に基づく医療とは別の法的枠組みを設定し，非自発的医療が法の適正手続に則って行われた場合にのみ，正当な医療行為として許容することによって初めて解消されると考えられるのである。

## 六　障害者権利条約と精神科病院への非自発的入院

　2008年に発効し，2014年にわが国も批准した国際連合の「障害者の権利に関する条約」（Convention on the Rights of Persons with Disabilities）（以下，「障害者

権利条約」という。）は，ノーマライゼーション運動の１つの到達点である。非自発的入院の正当化原理を考えるうえでは，障害者権利条約との整合性も検討しておく必要がある。

障害者権利条約には精神科病院への非自発的入院に関する条文はない。しかし，17条は「全ての障害者は，他の者との平等を基礎として，その心身がそのままの状態で尊重される権利を有する」と規定し，14条は「身体の自由及び安全についての権利を享有すること」，「不法に又は恣意的に自由を奪われないこと，いかなる自由の剝奪も法律に従って行われること及びいかなる場合においても自由の剝奪が障害の存在によって正当化されないこと」を定めている。したがって，精神障害の存在だけを理由とした非自発的入院は条約の趣旨に反すると考えられる。[12]

しかし，救命救急医療や感染症に関連した入院など，本人の同意に基づかずに行われる入院は精神科以外の身体科における医療でも行われている。精神科医療の場合だけに本人の同意に基づかない医療を認めないとすれば，「生命に対する固有の権利」（10条）や「到達可能な最高水準の健康を享受する権利」（25条）に反することになりかねない。したがって，「医療の必要性に基づく」非自発的入院は，障害者権利条約の趣旨に反しないと考えられる。[13] つまり，自己決定支援を尽くしたにもかかわらず，本人の判断能力の障害を補うことができない人で，そのまま放置すれば判断能力の障害のために自己決定を行うことが不可能な状態が続くと考えられ，精神科医療によって判断能力が回復し自己決定を行えるようになることが見込める場合には，医療の必要性に基づいて非自発的な精神科医療を行うことができるということである。そして，本人にとって必要な精神科医療が，入院という環境でなければ行えない場合には，精神科病院への非自発的入院を行うことも障害者権

---

(12) 池原毅和：障害者の権利に関する条約と非自発的医療のあり方．法と精神医療（32）65-81，2017．

(13) 池原・前掲注12）．

利条約の趣旨には反しないように思われる。[14]

## 七　非自発的入院の正当化原理に関する私見のまとめ

　前述のように，Mill の他者危害の原理は，「①判断能力のある大人なら，②自分の生命，身体，財産にかんして，③他人に危害を及ぼさない限り，④たとえその決定が当人にとって不利益なことでも，⑤自己決定の権限をもつ」と要約される。[15]非自発的入院の文脈でいえば，判断能力について言及する①は，パレンス・パトリエに，他者への危害について言及する③は，ポリス・パワーに対応する。これまで述べてきたように，非自発的入院の正当化原理は，パレンス・パトリエに基盤がある。判断能力を欠く人に対して，精神科治療を提供することを通じて，その判断能力を回復させるという自己決定支援の方策として，非自発的入院は正当化されるといえるのである。それでは，措置入院等の要件とされている「自傷他害のおそれ」の意義はどのように考えるべきであろうか。この要件は，一見するとポリス・パワーを正当化原理におくことを要請しているようにも思われる。しかし，歴史が示すように，パレンス・パトリエならびにその背景にあるパターナリズムが行き過ぎると，患者の自己決定は，しばしば無視され，精神科医療の悪用と呼ばれるような事態につながってきた。非自発的入院の要件として，「自傷他害のおそれ」を設定し，非自発的入院の対象者を限定していることの意義は，過度のパターナリズムを抑制するために設けられていると考えるのが妥当なように思われる。

---

(14)　もちろん，非自発的入院の期間は12条4項に規定されるように可能な限り短期間である必要がある。また，精神科病院で提供される医療の内容も，事情を知らされた上での自由な同意を基礎とした医療（インフォームド・コンセントに基づく医療）など，他の者と同一の質の医療（25条 (d)）である必要があり，入院中の処遇についても，品位を傷つける取扱いや虐待，同意のない医学的実験からの自由（15条），プライバシーの尊重（22条）など障害者権利条約が求める内容のものである必要がある。

(15)　加藤・前掲注3）。

## 八　海外における非自発的入院の在り方について

　わが国の非自発的入院である措置入院と医療保護入院は，どちらも精神障害者の医療及び保護を目的としている。両者の相違は，措置入院が「自傷他害のおそれ」を要件とし，都道府県知事の権限で行われるという公的性格を有しているのに対して，医療保護入院では，「自傷他害のおそれ」という要件はなく，精神科病院と患者（ないしはその代理人）という私人間の契約に基づいて行われるという点にある。

　筆者は，以前，イギリス，カナダ，イタリア，フランス，ドイツの民事手続きによる非自発的入院制度について検討したことがあるが，わが国の措置入院のように精神障害による「自傷他害のおそれ」を要件とする入院形態は，5か国のすべてに存在しているが，医療保護入院のように，治療（医療及び保護）の必要性のみが要件とされる入院形態を規定する国は，フランス，ドイツの2か国のみであった。しかし，非自発的入院がわが国の措置入院に相当する入院しかない国では，わが国の措置入院の「自傷他害のおそれ」の要件と比較して，より柔軟かつ幅広く，「自傷他害のおそれ」の要件は定義されていた。わが国では医療保護入院で対応されることの多い，ゴミ屋敷や家族に暴力をふるう統合失調症の事例であっても，それらの国では，「自傷他害のおそれ」を認定して，非自発的入院の対象とされていた。

　現在のわが国では，「自傷他害のおそれ」の有無と公的機関の関与の有無で，措置入院と医療保護入院が分けられているが，こうした分類の仕方の妥当性についても，今後，検討がなされる必要があろう。筆者の私見を述べる前に，まず，イギリスとドイツの非自発的入院制度の概要をみておこう。

### 1）イギリス

　イギリス（より正確にはイングランドとウェールズ）の精神保健法（Mental

---

(16) 五十嵐禎人：海外の非自発的入院制度．精神科臨床サービス17（3）301-307，2017．
(17) 五十嵐禎人：非自発的入院における家族の役割―イギリス精神保健法からの示唆．刑事

Health Act）に規定される非自発的入院は，評価のための入院（admission for assessment：2条入院）と治療のための入院（admission for treatment：3条入院）の2種類である。

　2条入院の対象となる患者は，①少なくとも一定の期間，評価（あるいは医学的治療後の評価）のために，病院に収容することを正当化するような性質（nature）や程度（degree）の精神障害に罹患していること，②患者自身の健康や安全という利益あるいは他の人の保護のために病院への収容が必要であること，の2つの要件を満たしている必要がある。2条入院は，精神科診断だけではなく，どのような治療が適切であるかについての評価も含む入院である。期間は28日以内であり，更新は不可能である。ただし，期間内であればいつでも3条入院へ移行可能となっている。2条入院は，通常，初回の入院に使用される。

　3条入院の対象となる患者は，①病院で医学的治療を受けることが適切な性質と程度の精神障害に罹患していること，②患者自身の健康や安全あるいは他の人の保護のために，治療を受ける必要があり，本条の規定により病院に収容しなければ，そのような治療を受けることができないこと，③適切な医学的治療（appropriate medical treatment）が利用できること，の3つの要件を満たしている者である。3条入院の期間は6か月であるが，更新が可能であり，最初は6か月，以後は1年ごとに更新される。

　両者の要件となっている「患者自身の健康や安全」とは，「患者に，自殺，自傷，セルフネグレクト（self-neglect）あるいは自身の健康や安全を守ることができない，偶然，無謀，あるいは意図するところなく，自身の健康や安全を危険にさらす，リスクがあることを示唆する所見があること，あるいは，精神障害が患者の健康あるいは安全を危険にさらしていること」とされており，これはわが国でいう「自傷他害のおそれ」とほぼ同様の概念である。

---

　　法・医事法の新たな展開（岩瀬徹，中森喜彦，西田典之　編集代表）下巻，信山社，東京，271-288，2014。

これとは別に，イギリスでは，同意能力を欠いているが，非自発的入院の要件を満たしていない精神障害者に対して，その人の最善の利益と思われる医療やケアを提供するために，病院やケアホームに収容してその自由を制限する場合には，成年後見法である意思決定能力法（Mental Capacity Act 2005）に規定される自由剝奪セーフガード（Deprivation of Liberty Safeguard：DOLS）の手続をとることとされている。精神科病院に入院する認知症高齢者や知的障害者の多くは，この手続きによって入院している。なお，DOLSの手続きでは，対象者の代理人が指名され，手続きに関与する。代理人には患者の身近にいる家族，友人や介護者が指名されることが多いが，適切な人がいない場合には，独立意思能力代弁人（Independent Mental Capacity Advocates）を代理人に指名することも可能である。

### 2）ドイツ[18]

ドイツにおける非自発的入院には，公法上の入院と民法（世話法）上の入院の2種類がある。

公法上の入院とは，各州の収容法に規定されている非自発入院である。条文上の用語は，州により若干異なるものの，ほぼ同様の要件が定められている。たとえば，バイエルン州の収容法では，「精神病者，または精神障害や中毒症のために精神に障害がある者で，それによって公共の安全または秩序を著しく危険にさらし，または，その生命ならびに健康を著しく危険にさらすこと」とされている。

民法上の入院は，成年後見制度である世話法に基づくものであり，その要件は，①自傷の危険がある場合と，②治療の必要性がある場合，である。ここでいう自傷の危険とは，被世話人が自殺しまたは著しい健康上の損害を自己に加える危険が存在する場合を意味するが，例えば認知症による徘徊なども含まれる。なお，ここでの「危険」の原因は，被世話人の精神病または知能もしくは精神障害に基づくものでなければならず，それ以外が危険の原因

---

(18) 神野礼斉：強制入院と身体拘束に対する法的規制—ドイツ法を中心として—．法と精神医療（31），33-54，2016．

であるときには，適用されない。また，第三者または公衆に損害を与える可能性（＝他害のリスク）のある場合は世話法による収容の対象とはならない。治療の必要性を理由に収容が認められるのは，①健康状態の検査，治療行為または医的侵襲が必要であること，②収容しなければ医的措置を実施することができないこと，③被世話人が，精神病または知能もしくは精神障害のために収容の必要性を認識することができず，またはその認識に従って行動することができないこと，の3つの要件を満たす場合である。なお，収容の許可と医的侵襲の許可は別のものであり，入院後に一定の危険を伴う医的措置が必要とされる場合には，裁判所の許可が必要とされている。

## 九　今後の非自発的入院の在り方について

　以上のように，イギリスとドイツの非自発的入院制度は，わが国の措置入院のように「自傷他害のおそれ」を要件とした公的機関の責任で行われる入院と成年後見法に基づく入院の2本立てになっており，成年後見法に基づく入院では，世話人や代理人が患者の権利擁護のために手続きに関与している。このことを参考に，わが国における今後の非自発的入院の在り方に関する私見を述べることとする。

　現在のわが国の医療保護入院の対象者には，認知症のために意思表示が困難となり，任意入院の同意を行うことができずに医療保護入院となる患者もいれば，統合失調症に罹患し，病識がなく，治療を拒否するために，医療保護入院となる患者もいる。後者の事例のなかには，幻覚・妄想等の精神病症状のために家族等へ暴力を振るい，警察等の援助で医療保護入院となる患者もいる。どちらの場合も，精神障害のために判断能力を欠いていると考えることはできるが，非自発的入院を行うにあたって必要とされるセーフガードの内容は大きく異なり，治療による判断能力回復の可能性も大きく異なっている。したがって，両者を異なる種類の非自発的入院とすることには，一定の合理性があるといえよう。

非自発的入院の正当化原理の基盤をパレンス・パトリエにあると考える私見の立場からは，非自発的入院は，①精神障害のために判断能力が欠如し，有効な自己決定を行えないこと，②精神科医療による利益が期待できるという医療の必要性があること，の2つの要件を満たすことが前提となる。そのうえで，諸外国で「自傷他害のおそれ」を要件とする非自発的入院は公的機関の責任で行われていること，現在の医療保護入院には，前述のように意思表示が困難な認知症の事例と治療拒否をしている統合失調症の事例が混在していることを考えると，患者本人の意思表示の内容と精神科治療による判断能力回復の可能性を考慮して，非自発的入院制度を設計する方がより妥当なように思われる。

　今後の非自発的入院制度の在り方について，筆者としては，現在の措置入院・医療保護入院という区分を廃止し，非自発的入院を公的責任による入院（仮称）と私的責任による入院（仮称）の2種類に分けて考えることを提案したい（表2）。公的責任による入院は，現在の措置入院患者と医療保護入院患者のうち病識がなく治療を拒否する統合失調症患者のような事例を対象とする入院である。入院の対象となるのは，入院を明示的に拒否しているが，その拒否は，精神障害による判断能力の一時的な欠如によるものであり，精神科治療により判断能力の回復が期待できるような患者であり，公的機関の責任によって行われる非自発的入院である。公的責任による入院では，過度のパターナリズムを抑制するためのセーフガードとして，精神障害による「自傷他害のおそれ」があることが要件とされることになる。これに対して，私的責任による入院は，現在の医療保護入院のうち意思表示が困難になった認

**表2　今後の非自発的入院の在り方（提案）**

|  | 公的責任による入院 | 私的責任による入院 |
|---|---|---|
| 入院についての本人の意思表示 | 明示の拒否 | 同意も拒否もしない |
| 判断能力の欠如 | 一時的 | 永続的 |
| 判断能力に対する治療の影響 | 回復が期待できる | 回復は期待できない |
| セーフガード | 「自傷他害」のおそれを要件 | 自己決定支援・アドボカシー制度 |

知症患者や知的障害患者のように，入院に明示の同意も与えなければ，明示の拒否もしない患者を対象とする入院形態である。この場合，判断能力の欠如は永続的なものであり，精神科治療による判断能力の回復も期待できない。セーフガードとしては，成年後見制度で行われる自己決定支援の考え方にそった権利擁護のためのアドボカシー制度の活用が有用といえよう。

□シンポジアム「精神保健福祉法の改正について」□

# 非自発入院の正当化根拠
―― 法律家の立場から ――

広島大学

横藤田　誠
よこふじたまこと

## I　非自発入院の正当性は疑わしい？

　医師により治療の必要性があると診断され周囲から入院を勧められても，どうするかを決めるのは患者本人であり，入院を強制されることは通常ない。ところが，精神科医療の局面では様相が一変する。「診察を受けた者が精神障害者であり，かつ，医療及び保護のために入院させなければその精神障害のために自身を傷つけ又は他人に害を及ぼすおそれがあると認めたとき」(精神保健福祉法29条1項)，あるいは，「診察の結果，精神障害者であり，かつ，医療及び保護のため入院の必要がある者であって当該精神障害のために第二十条の規定による入院〔任意入院〕が行われる状態にないと判定されたもの」(同法33条1項1号)については，本人の意思によらない入院が法律に基づいて強制されることがある。このような非自発入院は，憲法が保障する身体の自由，居住・移転の自由，自己決定権等を明らかに制約するように思える。にもかかわらず，長らくその正当性に疑いが持たれることすらなかったのである。基本的人権の思想を欠いた明治憲法下で精神障害者の人権が問題とされなかったのはもちろん，豊富な人権規定を有する現憲法の下においても事情はあまり変わらなかった。ようやく1970年代に至って，刑事法学者や精神医学者によって非自発入院の根拠・要件について批判的な検討がなさ

れるようになったが，憲法学においては，人権との関係が意識されるようになってもなお，強制入院制度は感染症予防のための隔離と同列に扱われて合憲と解されるのが常であった。

　非自発入院の正当化事由として通常挙げられるのは，措置入院の場合の「自傷他害のおそれ」と医療保護入院の根拠となる「医療及び保護のための入院の必要性」だろう。まず，①他害の防止は，最も強力な正当化根拠と見られているが，感染症予防医療法にいう感染症拡大のおそれと同等の正当化事由といえるだろうか。そもそも精神疾患を持つ患者が一般に危険なのだろうか。精神障害者以外の「危険」な者がなぜ対象外なのかも問われる。また，どの程度危険であれば非自発入院の対象になるのだろうか。行政解釈によれば，殺人・傷害・強盗等，他人の生命・身体を害する行為のみならず，社会的法益を害する行為（例えば公然わいせつ）も「他害」に含めているが，これは広過ぎないだろうか。自殺を防止するための非任意入院は，②自傷の防止として正当化されようが，自殺に至らない自傷行為すべてが非自発入院の理由となる「自傷」に含まれるのだろうか。③治療の必要性は，治療が疾患の治癒・軽減につながるだけに正当化根拠として受け入れやすいが，後述のように本人の他の権利利益と衝突することも少なくない。

　非自発入院制度の合憲性が裁判で問われた稀な事例がある。同意入院（現在の医療保護入院）が憲法13条（個人の尊厳；自己決定権）・14条（平等）・31条（適正手続の保障）・34条（身柄拘束の制限としての弁護人依頼権等）に違反するとの主張に対して，裁判所は，同意入院が「人身の自由の剥奪」になりうること，および，「適正手続の保障の欠如等の重大な憲法上の疑義」のあることは認めた。しかし，同制度が法律に根拠をおくものであること，救済の道が用意

---

（1）　佐伯千仭「法律家からみた精神衛生法の諸問題」同『刑法改正の総括的批判』（日本評論社，1975年）227頁以下，大谷實・中山宏太郎編『精神医療と法』（弘文堂，1980年）等。
（2）　中村睦男「居住・移転の自由」芦部信喜編『憲法Ⅲ 人権2』（有斐閣，1981年）9-10頁，杉原泰雄「刑罰権の実体的限界」同上書267頁。
（3）　昭和63年4月8日厚生省告示125号。
（4）　東京地判平成2年11月19日判時1396号95頁。

されていること（都道府県知事の退院命令，弁護人依頼権，人身保護法による救済）などを理由に，違憲の主張を退けた。

しかし，これらの仕組みのみでこの制度を合憲と判断することには疑問がある。裁判所の判断の中核には，「他の疾病と異なり，精神障害においては，本人に病気であるとの認識がないなどのため，入院の必要性について本人が適切な判断をすることができず，自己の利益を守ることができない場合がある」との認識があり，本人の同意ではなく保護義務者（当時）の同意を要するとしたのは「専ら本人の利益」を厚く保護しようとしたものとして正当化したのである。しかし，本人に病識がなく，治療に関する判断能力がないという見方は正しいのだろうか。

以下，憲法が保障する権利の観点から非自発入院の正当化根拠を精査してきたアメリカにおける展開を概説した後，考慮されるべき要素に関する議論を振り返る。なお，本稿では，責任無能力者収容制度などの刑事手続に関連する非自発入院は扱わない。

## II 非自発入院の正当化根拠―アメリカの展開[5]

### (1) 「自他への危険」故の収容

ここ数十年，精神科医療をめぐって，健康に最大の価値を置く「医療モデル」と，自律と平等を重視する「人権モデル」が激しく対立しているなかで，アメリカ合衆国が人権モデルを牽引してきたことに異論はない。[6]アメリカにおいては，連邦憲法修正5条および14条のデュー・プロセス条項にいう「適正な法の手続によらないで…自由…を奪われない」権利のなかに，「身体

---

(5) 本節の記述は，横藤田誠「強制治療システムとその正当化根拠――アメリカの憲法判例を中心に」ジュリスト増刊『精神医療と心神喪失者等医療観察法』（有斐閣，2004年）105頁以下および横藤田誠「精神障害者と人権――不利な立場の人々の人権保障に関する一考察（一）」広島法学42巻1号（2018年）95頁以下を基にしている。

(6) 横藤田・前掲論文〔広島法学〕（注5）94頁。それに対して日本は，個人よりも共同体を重視する文化に基づいて医療モデルに固く根ざしていると評されている。

的拘束から自由である権利」が含まれるとされている。したがって,「いかなる目的であれ,収容は自由の剥奪を構成し,デュー・プロセスを要求する」[7]のは当然ということになる。ただ,この権利は,「デュー・プロセス条項が保障する自由の中核」[8]ではあるが,文字通り絶対的な権利ではなく,一定の根拠によっては身体的拘束が許容されると解されている。問題は,いかなる根拠であれば許容されるのか,という論点に移る。

　アメリカにおける非自発入院制度の歴史は,「他人（社会）に対する危険」および自殺の恐れという意味の「自己に対する危険」を防止するポリス・パワーの行使として出発した。すなわち,精神障害者が収容の対象となったのは,その疾患の故ではなく危険性の故であった。

　このようなものとして非自発入院制度が発足したことは,精神疾患を危険と同視する払拭し難い観念を生んだ。このような見方は,社会防衛のために危険な者を排除しようとして,簡便な手続による過剰な収容につながる。危険性の中身,すなわち危害の重大性,危害発生の蓋然性,予測の正確性等が問われ始め,そしてそもそも精神障害者は危険であるのかが疑われ始めたのはここ数十年のことである。

### （2）「治療の必要性」要件の登場

　19世紀になると,80％から100％に及ぶ高い治癒率が信じられ,精神科病院が激増する。治療を目的とする非自発入院が前面に出てきたわけである。この事態を受けて,各州法は入院の対象を拡大し,従来の危険な精神障害者に加えて治療可能なすべての精神障害者を,裁判所の厳しいチェックなしに入院させうるようにした。これまでは,精神障害者の自由を剥奪することが正当化されるのは,ポリス・パワーの行使として他者や社会に対する脅威を防止する場合か,そうでなければ,選任の際に周到な手続的保障のある後見人による場合のみだった。ところが,治療のために積極的に入院させるよう

---

（7）　Addington v Texas, 441 U. S. 418, 425（1979）.
（8）　Foucha v. Louisiana, 504 U. S. 71, 80（1992）.

になったこの時期，ポリス・パワーではなく，州自らが後見人となること，つまりパレンス・パトリエ（parens patriae，後見人としての国家）権限によって強制入院が正当化されるようになったのである。

「治療の必要性」を中心とする非自発入院の構図は，これ以後100年以上にわたって継続することになる。この間，精神障害者以外の者が誤って収容されることのないようにという問題意識から入院手続の厳格化が求められることもあったものの，「精神障害者の」非自発入院を問題にするものではなかった。また，以前喧伝されていた高い治癒率が実は誤りであることが明らかにされ，治療を提供するはずの病院が実際には最低限の衣食住のみを提供する施設になったにもかかわらず，これを問題視する動きは顕在化しなかった。ようやく1960年代後半になって，精神障害者の「人権」が発見されたことにより，非自発入院制度は憲法問題となるのである。

## （3）「危険」要件の厳格化

1960年代後半以降の非自発入院制度改革が目指した方向を要約すれば，「精神医療法の刑事司法化」といえよう。従来「危険」要件の正当性は疑われることがなかったが，この時期には，その内実が問われるようになる。非自発入院という自由侵害を必要最小限のものにするために，入院要件を厳格にするとともに，手続も刑事手続類似のものを導入する。このような法のポリシーに先鞭をつけたのが，ウィスコンシン州東部地区連邦地裁によるLessard 判決（1972）であった。[9]

州法が挙げる実体要件は「精神疾患」と「自他の福祉のために治療を必要とする」ことだった。判決によれば，このような漠然たる規定はデュー・プロセスの基本的観念を侵害する。合憲的な実体基準として連邦地裁はまず，「自他に直ちに危害を及ぼす（do immediate harm）顕著な可能性（extreme likelihood）」という，非常に限定された「危険」要件をあげる。さらにその

---

（9） Lessard v. Schmidt, 349 F. Supp. 1078（E. D. Wis. 1972）.

危険性が「自他に対して重大な危害を及ぼす最近の明白な行為，未遂，または威嚇の認定」に基づいていること，すなわち「明白危険行動の要件」を憲法上の要件とする。つまり，危険性の立証を精神科医の証言によってではなく，過去の行為に基づいて認定することを求めたのである。この判決はまた，実体要件を限定したのと同じ理由で，入院手続についても極めて厳格なものを求めた。非自発入院に伴う多大な権利喪失（契約・免許・結婚等）やスティグマを考えれば，刑事手続と同等の手続的保障が憲法上要求されるとしたのである。

非自発入院法の刑事手続化をもたらしたこの時代の傾向を決定づけたのは，以上の理由にも増して，公立精神科病院の惨状が広く認識されたことだった。強制的に入院させた病院が適切な治療を提供できないどころか，人間の尊厳を無視した環境であるとすれば，非自発入院制度が正義であるか社会には確信がもてない。だからこそ，この制度を維持するためには，対象者を「顕著な危険性を有する精神障害者」に限定するともに，その判定の際に刑事手続とほとんど変わらない厳格な手続保障を求める道しかなかったのである。「自己負罪」を拒否する権利や「伝聞証拠」の排除など，精神科病院にはいることがまるで刑務所に収容されることと同じであるかのような言葉が飛び交い，それが一定の説得力をもったのがこの時代の空気だった。

## （4）「治療」要件の厳格化

「他人に対する危害の防止」以外の理由に基づく自由の制限が強い疑いの念をもって見られるとすれば，「治療の必要性」による非自発入院を正当化することは極めて困難となる。そのうえ，ある者にとって治療が必要か否かの判定は医師のほとんど全面的な裁量に委ねられることになり，決定の主観性を免れない。

しかし，各州の非自発入院の要件が「危険」のみになったわけではない。カリフォルニア州の Lanterman-Petris-Short Act（LPS法）(1967年) は，1947年に加えられた「治療の必要性」要件を削除し，「切迫した危険（imminently dangerous)」と「重度障害 (gravely disabled)」という2つの要件に限定した。後者は,「食物,衣服,または住居に対する基本的ニーズをまかなうことのできない状態」と定義されており,明らかに単なる「治療の必要性」を超えるもので,ある意味では「自身への危険」に近い基準であるといえる。これ以後の法改正は概ねカリフォルニア州法と軌を一にするものであった。1970年代の大胆な法改革の結果,ほとんどの州で「危険」要件を規定し,「重度障害」要件を規定する州も多数にのぼった一方,単なる「治療の必要性」のみに基づく非自発入院は極めて困難になったのである。

　公立精神科病院が「治療の場」ではないという現実と法の論理を調和させるために進められた非自発入院の「刑事手続化」は,入院患者数を激減させた一方,精神障害者を一層治療から遠ざける結果を招いた。「危険」要件に合致しない精神障害者の中には,入院しなくても自分や他人を傷つけることはなく,また生命,健康に直ちに重大な危機が訪れるわけではないものの,受診を勧められても拒否し,家族に多大な経済的・精神的負担をかけるとともに,自らも社会的に深く傷つく人々がいる。また,厳格化された実体要件に該当しない患者の多くがホームレスとなったという。[10]

### (5) 新「治療」要件の登場

　このような人々によって提起される問題を社会がどう評価するかによって,法の態度も変わらざるを得ない。大都市でホームレスとなっているかつての入院患者を目の当たりにした社会は,法改革の正しさに自信を失い,新たな道を模索しはじめる。

　実体要件を再び緩やかにする動きが出てきたのである。一部の州では,「重度障害」や「自身への危険」の定義を拡張するという形で,病状の深刻な悪化が懸念される場合に入院を可能にする改正が行なわれている。例え

---

(10) Clifford D. Stromberg & Alan A. Stone, *A Model Law on Civil Commitment of the Mentally Ill*, 20 HARV. J. LEGIS. 275, 278 (1983). ニューヨーク市だけで4万の精神障害者がホームレスとなって住んでいたという。

ば，アラスカ州では，「重度障害」の定義として，従来の「衣食住の基本的ニーズを充足しえない状態」に加えて，「従前の自立生活能力の重大な悪化のおそれ」の場合にも入院を認めている[11]。また，アリゾナ州は「自身への危険」のなかに，「入院しなければ重篤な疾患になる」場合を加えている[12]。

### （6）アメリカの非自発入院要件の現状

2014年現在のアメリカ各州の非自発入院要件は以下の通りである[13]。まず，全州で「危険」要件が規定されている。ただ，注目すべきは，最近の明白な行為に基づく自他の身体に対する切迫した危険，という非常に限定された要件を挙げつつ，それ以外の要素をも危険に含めていることである。例えばアイオワ州法は，「精神疾患を持つ者が治療を受けることなく自由であるとき，その者との接触を避ける合理的な機会を欠く家族その他の者に対し，重大な精神的な危害を及ぼすおそれのある」場合を危険性に含めている[14]。

「重度障害」を定める州が46にのぼっている。

現在，半数以上の州が「治療の必要性」要件を備えている。「必要とされる精神科その他の医療を求めることができない」，「十分な情報を得た上での医療上の決定を行うことができない」，「更なる身体的・精神的・感情的荒廃を防ぐための介入の必要がある」場合を挙げるのが典型的である。ウィスコンシン州法では，「十分な情報を得た上での治療の選択や荒廃を防ぐためのニーズに関するケアや治療の選択を行うことが実質的にできない場合，および，治療を受けなければ，健康・安全のためのサービスを受けることができず，重大な精神的・感情的・身体的危害を被り，その結果，地域社会での役割を果たすことができず，または，思考・行動に対する認知的・意志的コン

---

(11) Alaska Stat. Ann. 47. 30. 915(7)(B).
(12) Ariz. Rev. Stat. Ann. 36-501(5)(b).
(13) John Snook & Kathryn Cohen, Civil Commitment Laws：A Survey of the States.（2014年7月21日公開）https://acrobat.adobe.com/jp/ja/free-trial-download.html?promoid=2SLRC7QQ&mv=in-product&mv2=reader&DTProd=Reader&DTServLvl=SignedOut
(14) Iowa Code § 229. 1(15).

トロールができない場合」を含めている。なお、「治療」要件を採用する場合、対象者が治療に関する判断能力を欠くとの認定を要するとの考えが、すでに1950年代から明らかにされている。すべての州法がこの要件を明定しているわけではないものの、パレンス・パトリエ権限の歴史的起源が知力を欠く児童・知的障害者・精神障害者の保護にあり、後見制度と趣旨を同じくするものであることからして、当然の前提と考えられている。

現在でも、州法上は圧倒的に「危険」要件が優勢であるように見えるが、強制入院要件の趨勢は、明らかに「治療の必要性」要件の復活を示しているといえよう。こうした実体要件の拡大は、重大犯罪の発生率を減少させ、早期の治療を可能にして早期退院を増加させるとともに、家族や法執行機関・精神保健システムに好影響を与えていると肯定的に評価される傾向にあるけれども、憲法による権利保障の観点からの正当性の評価を免れるわけではない。

## Ⅲ　精神障害者のみの非自発入院の正当化根拠

1960年代後半以降、非自発入院制度が「身体的拘束からの自由」を侵害せず合憲であるというためには「危険」要件を前面に押し立てるほかないとの認識が一般的になった。そして、「危険」の内実が問われるようになり、社会防衛の目的に真に適する者に強制入院の対象を厳しく限定する方策（要件の緻密化と危険予測の正確性増進）が追求された。要件の緻密化という点については、まず予測される危害が重大でなければならない。そこで、財産への危険を除外し、「人の身体への重大な危害」に限る傾向が生まれる。次に危害発生の確率が極めて高いことが求められる。Lessard判決の要件はこれを表している。以上のように要件を絞るとしても、そもそも精神科医による正確

---

(15) Wisconsin's Fifth Standard Stat. Ann. § 51. 20 (1) (a) (2) (e) F.
(16) Snook & Cohen, *supra* note 13.
(17) *See, e. g.*, Suzuki v. Alba, 438 F. Supp. 1106 (D. Hawaii 1977).

な危険予測は可能なのかとの疑問は残る。危険予測の正確性を高める努力のひとつが，Lessard 判決が憲法上の要求として採用した「明白危険行動」の要件である。

　それでは，危険要件をこのように限定すれば合憲といえるのだろうか。ポリス・パワーに基づく非自発入院の目的である公共の安全確保という観点からすれば，精神障害者であると否とに関わりなくすべての危険な者を収容することが最も適切ということになる。しかし，「自由と自律の価値を重く見る社会において，予防拘禁はたとえ人間らしいなど価値ある目的のためでさえ一般的には正当化されない」。
(18)

　それでは，精神障害者のみの「予防拘禁」はどう説明されているのだろうか。まず，精神障害者は一般人より危険性が高いという社会通念がある。この観念が強制治療システムを支える大きな柱であることは現在でも変わりないが，これを支持する確固たる証拠があるわけではない。

　第2に，非自発入院後に提供される治療は精神障害者に利益になるという点があげられる。治療の利益はパレンス・パトリエに基づく非自発入院については唯一の正当化根拠となっているが，精神障害者のみの「予防拘禁」を正当化する根拠としても重要な位置を占めている。すなわち，非自発入院制度を合憲としうるのは「危険」よりもむしろ「治療」なのである。これに対しては，精神科病院の実態に基づく批判論もあるが，より根本的な難点が指摘されている。もし治療の利益を与えることで危険な精神障害者の非自発入院を正当化しようとすれば，その精神障害者に治療の可能性がなければならない。そしてこの場合，非精神障害者であってしかも治療（矯正）に適応する者もまた非自発入院（収容）の対象としなければならない。また，患者が治療を拒否すれば利益は存在しないのだから，治療拒否ができないほど能力を欠くことが要求される。このように要件を絞り込んでいけばあるいは合憲
(19)

---

(18) Stephen J. Morse, *Crazy Behavior*, 51 S. C. L. REV. 527, 630 (1974).

(19) Case Comment, *Wyatt v. Stickney and the Right of Civilly Committed Mental Patients to Adequate Treatment*, 86 HARV. L. REV. 1282, 1295 (1973).

と考えることができるかも知れないが，そのような極めて限定的な非自発入院制度に社会は満足するであろうか。現在，非自発入院制度それ自体を違憲とする判例はなく，学説でも極めて少数にとどまる[20]。しかし，非自発入院制度の正当化根拠はそれほど堅固なものではないことは理解しておくべきであろう。

「危険」要件，「治療」要件のいずれについても，その基礎に精神障害者の「能力」に対する一定の認識があるように思われる。治療に関する判断能力を欠くゆえに自身の利益を守ることができないと見られているのである。これは，精神障害者には有意味な自由や自律がないとの主張につながり，強制治療システムを背後から支えてきた最も普遍的な理論であるといえる。しかし，このような精神障害者観には科学的な証拠がない[21]。結局この理論は，精神障害者のなかには他人には理解できない行動をとる者がいるという経験的事実から類推したある種の「信念」にすぎないとの見方もできる。

アメリカにおいては，以上のように，精神障害者の判断能力の欠如あるいは限界を基礎に，非自発入院の要件として「危険性」と「治療の利益」を挙げ，一時両要件を極めて厳格化したものの，現在ではやや緩和している。

このような状況を踏まえつつ，日本では近年，非自発入院は，パレンス・パトリエを基礎として，精神障害者に医療へのアクセスの機会を与える制度であり，これは医療保護入院のみならず措置入院についてもそのように理解すべきであるとの見解が有力になっている[22]。ただ，この見解にあっても「自傷他害のおそれ」は強制的な医療提供が許される限界として，制度の正当性評価に依然として重要な位置づけを与えられている[23]。法的構成のあり方は重要であり，様々な議論がありうるものの，一定の結論に至るためには，「危

---

(20) KENT S. MILLER, MANAGING MADNESS：THE CASE AGAINST CIVIL COMMITMENT（1976）； Stephen J. Morse, *A Preference for Liberty*：*The Case Against Involuntary Commitment of the Mentally Disordered*, 70 CALIF. L. REV. 54, 59-61（1982）；ブルース・エニス（寺嶋正吾＝石井毅訳）『精神医学の囚われ人「精神病」法廷闘争の記録』（新泉社，1974年）288-297頁。

(21) Morse, *supra* note 20, at 59-61.

(22) 町野朔「精神障害者の権利とは何か？」法と精神医療32号（2017年）56頁。

(23) 同上論文57頁。

険」「治療」「判断能力」の各要素に関する考察が必要であるという事実に違いはない。次節において、これら3つの要素についての議論を振り返ってみよう。

## Ⅳ 非自発入院の正当性を支える要素

### (1) 精神障害者と「危険」
〔a〕危険の定義

精神障害者の非自発入院の正当性を考える際、「危険」は最重要な要件であるが、現在でも危険の定義についての合意は存在しない[24]。例えば、ある論者は「危険」を、①危害の重大性、②危害発生の蓋然性、③危害発生の頻度、④危害の切迫性という4つの構成要素に分けるが、別の論者は、①行為のタイプ、②行為の頻度、③行為の最新性（recency）、④行為の重大性、⑤行為の対象の5つの観点から危険を測る[25]。ここ数十年間で甚だしい誤用はなくなったけれども、医師や法律家等の誤解によって非自発入院の過程で誤って適用される例が依然として存在するという[26]。

〔b〕危険予測の困難性

非自発入院関連法の中で、精神科医が将来の危険性をいかに正確に予測することができるかという問題ほど論争的なものはなく、過去30年間、学術文献のほとんどすべてが、危険性予測は偶然よりも不正確であり、3回に2回以上間違うという点で合意しているという[28]。しかし、世論の圧力に対応せざるを得ない裁判所はそのように割り切ることができない。連邦最高裁は1983

---

(24) MICKAEL L. PERLIN & HEATHER ELLIS CUCOLO, MENTAL DISABILITY LAW：CIVIL AND CRIMINAL Vol. 3 at 50（3 d ed. 2016).
(25) ALEXANDER D. BROOKS, LAW, PSYCHIATRY AND THE MENTAL HEALTH SYSTEM 680-82 (Brown and Company, 1974).
(26) Virginia A. Hiday, *Court Discretion：Application of the Dangerousness Standard in Civil Commitment*, 5 L & HUMAN BEHAVIOR 275, 276 (1981).
(27) PERLIN & CUCOLD, *supra* note 24, at 51-53.
(28) *Ibid.* at 54.

年，危険予測が困難だというアメリカ精神医学会の提出した書面を拒絶したのである。最高裁は10年後，「精神障害者による将来の暴力行動に関する精神科医による予測の多くは不正確である」と傍論で率直に述べたが，通常の強制入院手続の決定には事実上何らの影響も及ぼしていない。

しかし，その後の研究によれば，危険に関わる社会的変数（性，年齢，雇用，過去の暴力経験，薬物・アルコール依存等）については比較的正確な予測が可能であり，また，遠い未来の予測は無理でも短期なら可能であり，法学・心理学・統計学・倫理学・犯罪学・社会科学を含む学際的研究が一定の役割を果たすことが明らかになっている。

〔c〕 **精神障害者における犯罪・危険性のリスク**

精神疾患と犯罪・暴力との関連性を信じている人は多い。以前に比べて精神疾患に対する理解は進んでいるものの，精神障害者を危険と見なす人はむしろ増えている。マスメディアの不正確な描写や重大事件の過剰な報道がそのような認識をもたらしているものといわれる。

近年の研究によれば，精神疾患を危険と結びつける人々の認識が精神障害者に対する差別的意識を強め，その結果，社会的排除や雇用・居住の機会が制限され，それらが相まって精神症状を悪化させ，攻撃的行動の可能性を増すということが明らかになっている。

精神疾患を持つ人々における犯罪・危険性のリスクに関する代表的な研究である "The MacArthur Violence Risk Assessment Study" は，精神科病院から退院した精神障害者と対照群との暴力行動の頻度を比較し，薬物依存症をも併せ持つ患者には暴力行動の高いリスクがあることを明らかにした。

---

(29) Barefoot v. Estelle, 463 U. S. 880, 896-97 (1983).
(30) Heller v. Doe, 509 U. S. 312, 324 (1993).
(31) PERLIN & CUCOLD, *supra* note 24, at 68-72.
(32) Fred E. Markowitz, *Mental illness, crime, and violence: Risk, context, and social control*, 16 AGGRESSION & VIOLENT BEHAVIOR 36, 39 (2011).
(33) *Ibid.*
(34) JOHN MONAHAN et al., RETHINKING RISK ASSESSMENT: THE MACARTHUR STUDY OF MENTAL DISORDER AND VIOLENCE (Oxford University Press, 2001).

もちろん、この種の研究はもともと何らかの問題行動に基づいて治療を受けた人々が対象になっているという歪みがある点に注意が必要である。

実証研究は、妄想や幻覚をもたらす精神疾患の一定の特性が犯罪や暴力行動の一因であるかのように示しているが、それだけではない。[35] 暴力のリスクは、いくつかの障害や薬物依存症が合わさり、薬物療法に従わないなどの要素が加わると増大することがわかっている。さらに、男性、若年層、人種的少数派であることや、社会解体地域、経済的困窮、家庭崩壊といった点も犯罪のリスクを高める。

以上の記述から言えるのは、犯罪や暴力行動のリスクと精神科的症状に関係はあるけれども、それだけではなく、社会的要因が色濃く反映しているということである。精神障害者の危険性を無視することはできないけれども、それ故に非自発入院の対象にすることが当然であるとまでいえるだろうか。暴力行動につながりうる症状を改善することは本人にとって利益であるといえようが、どの程度であれば強制措置が可能で、その際の手続的保障としていかなるものが要求されるのだろうか。

### （2）「治療」の利益の位置づけ

日本の有力な学説は、危険性予測の困難性等を理由にポリス・パワーによる非自発入院は根拠薄弱であるとし、非自発入院を医療保護目的に限定すべきとする。[36] この場合、「他害」を要件とする措置入院についても、犯罪防止自体が保護の一種であるから、社会の安全保持は保護のための強制入院の反射的利益にすぎないとして、これもパレンス・パトリエに立脚すると捉える。また、前述のように、医療保護入院のみならず措置入院をも精神障害者に医療へのアクセスの機会を与えるパレンス・パトリエに基づく制度と捉える見解もある。[37]

---

(35) Markowitz, *supra* note 32, at 40.
(36) 大谷實『新版 精神保健福祉法講義』（成文堂、2010年）41-42頁。
(37) 町野・前掲論文（注22）56頁。

この考えの背景には，憲法25条を根拠に，「意思能力ないし社会的適応能力を十分に有していない精神障害者に対しては，その生存権を保障し福祉を図る見地から，本人の利益のために一定の強制権限を加えることが必要である」という認識[38]，「精神障害者には，治療を拒絶する権利，『精神医療からの自由』…だけでなく，治療を受ける権利，『精神医療への自由』…も保障されなければならない」という認識がある[39]。また，憲法13条の保障する自己決定権に関して，「精神障害のために病識を欠き適切な自己決定ができないと認められ，しかも医療保護が必要な者に対して，国がその自己決定を補い後見的な立場から医療保護を加えることは，かえって幸福追求権を保障することになる」[40]，あるいは，「高度の社会的不適合性を意味する『自傷他害のおそれ』のある精神障害が，入院が本人の自己決定に委ねられる領域を超える存在であることを意味」する[41]ことから，非自発入院が合憲とされる。

　確かに，憲法上の権利に関して日米で最も異なるのは，アメリカ憲法が生存権等の作為請求権を有しないということである。自己決定権だけを保障すれば精神障害者の人権が全うされるわけではなく，日本国憲法25条の意義は大きい。しかし，25条が国に一定の医療提供の義務を課しているといえるとしても，強制的な権限行使の根拠となると解することはできない[42]。また，自己決定権が万能であるわけではないが，精神障害者が概して「自己決定ができない」といえるか，社会的不適合性をもつ精神障害者にとって「入院が本人の自己決定に委ねられる領域を超える」と断ずることができるか，疑問の余地がある。基本的人権の核心は自由権にあること，および社会権もまた請求権であることを踏まえると，身体的自由を制限する合憲的根拠として治療を受ける権利を援用することはできないのではないか。そもそも治療を受ける権利は，アメリカにおいて，強制治療を根拠づけるものではなく，非自発

---

(38) 大谷・前掲書（注36）42頁。
(39) 町野・前掲論文（注22）46頁。
(40) 大谷・前掲書（注36）42頁。
(41) 町野・前掲論文（注22）57頁。
(42) 池原毅和『精神障害法』（三省堂，2011年）187頁。

入院の運用を規制し治療環境の改善を公権力に強いる役割を果たしてきた[43]。健康・治療の利益は、身体的自由の内在的制約を判断する際のひとつの要素として位置づけられるべきであろう。

### （3）精神障害者の「能力」

自己決定権は、結果の合理性とは別に重視されてきた。J・S・ミルは、「われわれの好むとおりに行為することの自由」は、「われわれのなすことが、われわれ同胞たちを害しない限り、たとえ彼らがわれわれの行為を愚かであるとか、つむじ曲がりであるとか、ないしは誤っているとか、考えようとも、彼らから邪魔されることのない自由である」[44]と述べて、「愚行権」を認めている。その人にのみ関わる事柄については、社会や他人が介入するよりも本人が決める方が誤りの可能性が少ないからである[45]。しかし、愚行権には「諸々の能力が成熟している人々にのみ適用」されるという限界がある。「いまだ他の人々の世話を受ける必要のある状態にある人々は、外からの危害に対して保護されなくてはならないと同様に、彼ら自身の行動に対しても保護されなければならない」[46]。

憲法13条が保障する自己決定権を限界づけるものとして、「同胞たちを害する」場合の他に判断能力が不十分な場合が挙げられる。ある行為が長期的にみてその人自身の目的達成諸能力を重大かつ永続的に弱化せしめる見込みのある場合には介入が正当化される（限定されたパターナリスティックな制約）という有力な見解がある[47]。精神障害者が当然に判断能力を欠くというわけでないことは強調しなければならないが、判断能力が相当制限されているとき、社会の介入が許容される場合がありうることは否定できない。判断能力に疑

---

（43）横藤田誠「精神障害者の治療を受ける権利と裁判所」阪本昌成・村上武則編『人権の司法的救済』（有信堂、1990年）135頁以下参照。
（44）ジョン・スチュアート・ミル（塩尻公明・木村健康訳）『自由論』（岩波文庫、1971年）29頁。
（45）同上書154頁。
（46）同上書25頁。
（47）佐藤幸治『日本国憲法論』（成文堂、2011年）137頁。

問があるときであっても，自己決定の可能性を探る必要があるが，例外的に本人の同意によらない入院措置が正当化される余地がある。

その際，アメリカにおいて，「治療」要件による非自発入院がパレンス・パトリエに基づくとされることが注目される。「後見人としての国家」を意味するパレンス・パトリエ権限が行使されるには，前提として対象者が判断無能力であるとの認定を要し，しかも権限行使に至る過程で相当な手続的保障がなされる。医療保護入院の実体的・手続的要件が現行のもので問題ないか，再検討が必要である。また，措置入院についても，将来の危険性の予測を前提とする入院の強制は許されないとの観点から，判断能力を欠くことを要件とする見解がある。[48]

国家の介入が求められるのはどの程度判断能力が制限されている場合だろうか。判断能力の基準をいかに考えるかについては，十分な議論がなされているとはいえない。この点，選択の結果が患者に及ぼす影響，とりわけその結果が長期的・永続的に自己決定を不可能にする可能性や程度に応じて思考過程の合理性の判定基準の厳格さに段階を設けるという見解が注目される。[49]

## V　おわりに

以上，主として憲法の観点から非自発入院の正当性を探ってきた。本稿では取り上げることができなかったが，障害者権利条約（2006年採択，2014年日本批准）との関係についても検討する必要がある。「不法に又は恣意的に自由を奪われないこと，いかなる自由の剥奪も法律に従って行われること及びいかなる場合においても自由の剥奪が障害の存在によって正当化されないこと」（14条1項(b)）を求める同条約は，非自発入院を完全に否定するものではないとしても，従来の憲法によるもの以上の制約を非自発入院制度に及ぼ

---

(48)　池原・前掲書（注42）153頁。
(49)　同上書70頁。

しているとされる。[50]

　本稿の検討によれば，憲法は非自発入院に条件をつけることはできるものの，完全に否定することはできない。適切な治療提供（治療を受ける権利）と自己決定権に代表される自由との衝突において問われるのが，自由と健康（福祉）という2つの価値の相剋である。アメリカにおいて，1970年代を中心にした革命的な精神医療改革の中で重大な訴訟に関わった弁護士がこう語っている。「自由の本質的前提とは，人が自ら欲することを，自己に害あることを含めて，他人を害しない限りにおいて，なし得るということである。…何故人は自分の生命に関して自己の欲するままにできるのに，誰かが彼を精神病といった瞬間からその自由を奪われるのか？」[51]と。これに対して，マサチューセッツ州精神保健センターの精神科医が，「医の論理」を印象的な言葉で語ったことがある。「精神疾患はそれ自体最も甚だしい強制的マインド・コントロールであり，最も激しい『人間の完全性への侵入』である。医師は患者を病気の鎖から解放しようとするのに対して，裁判官は治療の鎖から解放しようとする。この道は，患者にとっては『権利のうえに朽ち果てる』ことにほかならない」[52]と。この一節を含む論文の題名は「真の自由の追求」であった。

　ここで問われているのは，〈自由とは何か〉ということである。後者の精神科医がいう自由は法的意味の自由ではないと一応いえよう。では，これを無視して純粋に法的意味の自由を追求すれば問題は解決するのか。医師が重視する利益を「健康」「福祉」「真の自由」などどのような言葉で呼ぼうと，この視点を無視しえないところに問題の複雑さがある。自由とそれに対立する価値のいずれが重視されるのか。非自発入院制度の評価は，この点をめぐって紛糾するのである。この課題に対する特効薬はなく，精神障害者，医療

---

(50)　同上書118-120頁。
(51)　エニス・前掲書（注20）292頁。
(52)　Thomas Gutheil, *In Search of True Freedom : Drug Refusal, Involuntary Medication, and "Rotting with Your Rights On"*, 137 AM.J.PSYCHIATRY 327 (1950).

者，法律家，社会，様々な立場の人々の間の地道な対話によって合意点を探るほかないのかもしれない。

□シンポジウム「精神保健福祉法の改正について」□

# ガイドラインについて

千葉大学社会精神保健教育研究センター
椎 名 明 大
しいなあきひろ

## 一 はじめに

　精神保健及び精神障害者福祉に関する法律（昭和25年法律第123号。以下「精神保健福祉法」という。）における措置入院制度は，自傷もしくは他害のおそれのある精神障害者に対し行政処分として入院命令を出す仕組みとして1950年の精神衛生法制定時に創設された。この仕組みは，1965年改定の際に緊急措置入院制度及び入院措置の解除規定，守秘義務規定が設けられた他には，大きな改正が行われることなく現在に至っている。
　また，措置入院制度の運用は，関連する通知，逐条解説等に基づいて行われているものの，通報の受理，措置診察の要否判断に係る業務の取り扱いに関する国としてのガイドラインはなく，自治体が独自にマニュアルを整備するなど，地域の実情に応じた対応が行われてきた。
　心神喪失等の状態で重大な他害行為を行った者の医療及び観察等に関する法律（平成15年法律第110号。以下「医療観察法」という。）が制定された際にも，措置入院の運用実態の適正化が議題に上がったにもかかわらず，措置入院制度の見直しがなされることはなかった。
　そのため，今日では措置入院制度はそのシンプルな規定とは裏腹に極めて多様な運用実態を呈することとなっている。措置入院の行政処分としての側

面を重視して謙抑的に運用する自治体もあれば，重度の精神障害者が精神医療にアクセスするための貴重な機会と捉えていわば精神科救急と一体化して運用されている自治体もある。入院の必要性を判断する医師と治療にあたる医師を分けることにより人権の確保につながるという説を唱える者もいれば，経済的問題や家族の不在など非医療的理由で措置入院が活用されている実態を問題視する向きもある。

　措置入院の運用実態についてこれまで全く検証されてこなかったわけではない。例えば瀬戸らはこれまで10年以上に渡り様々な調査・検証を重ねてていた[1]。医療観察法施行後，措置入院の平均在院日数は減少したが，通報件数は特に警察官通報において大きく増加傾向にあった[2]。また措置入院患者の多くは一般精神医療で支えきれなかった患者であり，措置解除後の支援体制が十分でなく，また転帰不明となる例が多かった。このことが頻回措置につながっている可能性も示唆されていた[3]。そして措置入院に携わる精神科医師は，このような患者に対する手当や，措置診察の精度の向上の必要性を認識していた[4]。

　しかし，措置入院の運用実態の把握と適正化について，国を挙げて議論したことはこれまでにほとんどなかったと言わざるを得ない。

---

（1）　瀬戸秀文，吉住昭：【医療観察法とその周辺—症例と取り組み】医療観察法施行前後の措置入院の変化　特に警察官通報の現状ならびに指定医の判断傾向について．臨床精神医学 43：9，1325-1334，2014

（2）　竹島正：触法精神障害者に対する自治体の対応に関する研究．厚生労働科学研究費補助金（厚生労働科学特別研究事業）医療観察法導入後における触法精神障害者への対応に関する研究　平成21年度総括・分担研究報告書　PP61-82，2010

（3）　吉住昭，椎名明大，伊豫雅臣：医療観察法導入後における触法精神障害者への精神保健福祉法による対応に関する研究 その1　千葉県における措置入院患者の予後調査．厚生労働科学研究費補助金（障害者対策総合研究事業）重大な他害行為をおこした精神障害者への適切な処遇及び社会復帰の推進に関する研究　平成22年度総括・分担研究報告書研究分担報告書　PP41-53，2011．

（4）　Shiina A, Iyo M, Yoshizumi A, Hirabayashi N. Recognition of change in the reform of forensic mental health by clinical practitioners：a questionnaire survey in Japan. Annals of General Psychiatry. 13：9, 2014.

## 二　研究開始の経緯

　平成28年7月26日，相模原市の障害者支援施設に元職員が侵入し，入所者を次々と殺害するという事件が発生した。

　この事件（以下，「相模原事件」という。）の被疑者が事件前に精神保健福祉法による措置入院となっていたこと，被疑者が事件前に大麻を使用していたことが後に明らかになったこと，被疑者がいわゆる優生思想に基づく強固な障害者差別の発想をもって犯行に及んだことが推定されたこと等により，この事件は今日の我が国における精神保健福祉施策のあり方について多くの議論を呼ぶこととなった。

　政府は相模原事件の検証および再発防止策検討チームを結成し，平成28年9月14日に中間とりまとめを，12月8日に最終報告書を発表した。その内容には，措置入院制度に関する実態把握および改善のための方策の検討，とりわけ措置入院の対象となった患者の退院後フォローアップの体制づくりの必要性についての提言が盛り込まれた。[5]

　この報告書を受けて，「現行の措置入院制度運用における地域間格差の実態と背景を分析すること」「措置入院医療及び措置入院患者の継続的な支援体制について望ましいあり方を検討すること」を目的として，厚生労働行政推進調査事業費補助金（障害者政策総合研究事業（精神障害分野））「精神科医療提供体制の機能強化を推進する政策研究（主任研究者：藤井千代）」に新たな分担研究班「措置入院患者の退院後における地域包括支援のあり方に関する研究（研究分担者：椎名明大）」が立ち上げられた。

　この研究班（以下「研究班」という。）の目的は当初は措置入院制度運用の実態把握のみであったが，法改正の議論が進むに及んで，改正法を想定した運

---

（5）　相模原市の障害者支援施設における事件の検証及び再発防止策検討チーム：報告書　～再発防止策の提言～．平成28年12月8日　http://www.mhlw.go.jp/file/05-Shingikai-12201000-Shakaiengokyokushougaihokenfukushibu-Kikakuka/0000145258.pdf

用ガイドラインづくりも依頼された。

## 三　改正法案の概要と国会審議経過

　政府は相模原事件報告書及びこれからの精神保健医療福祉のあり方に関する検討会報告書における提言等に基づき、精神保健福祉法改正法案を第193回通常国会に提出した。

　改正法の趣旨として、当初厚生労働大臣は相模原事件の再発予防をその目的として掲げたが、野党等からの反発に遭い、法案趣旨説明を撤回した。しかし改正法の内容自体は変更されなかった。あらためて法改正の目的として、医療の役割の明確化、精神障害者に対する医療の充実、指定医不正取得の再発防止等が示された。

　改正法案の概要としては、措置入院制度改革、指定医制度の見直し、医療保護入院手続きの見直し等が挙げられる。このうち措置入院制度改革案については、法改正と相まって、精神障害者支援地域協議会の新設、措置入院した患者に対する支援の仕組みの創設、措置通報から措置入院に至るチェックポイントの整理、措置入院診療ガイドラインの創設、措置入院に関する診断書に対する精神医療審査会による審査、措置入院者に対する退院後生活環境相談員の選任等が提案されていた。

　ところが、法案審議過程においては、下記のような種々の論点が提起された。すなわち、「支援の名の下に患者を監視する制度になってしまうのではないか」「措置入院患者に偏重したバランスの悪い制度になっているのではないか」「煩雑な手続きにより現場が疲弊したり措置入院が長期化したりするのではないか」「警察が協議会等に関与することにより、精神障害当事者の不安をあおるのではないか」「患者の人権擁護の仕組み等、これまでの課

---

（6）　これからの精神保健医療福祉のあり方に関する検討会報告書．平成29年2月17日
　　https://www.mhlw.go.jp/file/05-Shingikai-12201000-Shakaiengokyokushougaihokenfukushibu-Kikakuka/0000152026.pdf

題がなおざりになっているのではないか」といった懸念である。

結果として、改正法案は参議院先議になり、第193回通常国会参議院において附帯決議付きで可決されたが、会期末のため継続審議となった。そして第194回臨時国会で衆議院が解散されたのに伴い、廃案となった。

## 四　研究班における当初の議論

前述の通り、措置入院制度に関する運用実態の地域間格差や医療提供体制の問題は、相模原事件前から再三に渡り指摘されてきたことである。我々は研究班を組織するにあたり、このことを踏まえたうえで、相模原事件の検証は当研究の目的に含まれないし、措置入院制度の問題によって相模原事件が引き起こされたわけではなく、制度改正によって再発が防げるとも限らないこと、犯罪の防止は精神医療の本来的役割ではないことといった、議論の前提を確認した。これらの点は研究班結成当初のコンセンサスであった。ただし、「多くの関係者が悲惨な事件を乗り越えて精神医療を少しでも良くしていこうとしているときに、研究班として『再発予防にはコミットしない』と断言してしまっては、措置入院制度改革とガイドラインづくりへの支持を得ることが困難になるのではないか」という懸念も表出されたことを記銘しておきたい。

そのうえで、研究班での議論を通じて、措置入院制度改革にあたっては、相模原事件に特化した対策を立てても実効性が乏しく、あくまでも精神障害者施策全般を俯瞰した考察が必要であること、措置入院制度運用の地域間格差は各自治体の歴史・文化・実情に依るところが大きく、一概に格差の是正が適切とは言い切れないこと、他方で標準的な運用と乖離する理由と妥当性について検証が必要であること等が示唆された。また、いわゆる「出口（措置解除後のフォローアップ）」論に偏重した対策は均衡を欠くものであり、「入口（措置入院の対象とすべきか否か、警察・検察・矯正施設等との棲み分け、医療保護入院との棲み分け、措置不要とされた者への手当等）」論も検討すべきとのコンセン

サスも得た。さらに，措置入院患者のうち濃厚なフォローが必要な患者の割合がいかほどかは不明であり，措置入院患者に限定したフォローアップを検討するのは不均衡ではないか，特に措置解除と同時に退院となる事例は個別性が高くマニュアル通りのフォローが困難ではないか，といった懸念も表出された。

　このような議論を行いつつも，厚生労働省が改正法案の整備を進める中，限られた医療資源を活用して措置入院制度運用を円滑化し望まれぬ病状再燃・再発を予防するための仕組みについて一定の現実的な結論を得るため，我々は研究を続けた。

## 五　研究班における研究内容

　研究班における具体的な研究項目は下記のように多岐に渡る。
　（1）措置入院に関する診断書，措置症状消退届の内容調査
　（2）一部の自治体に対するヒアリング調査
　（3）厚生労働省の実施した自治体アンケートの内容分析
　（4）措置入院運用にかかるチェックポイント骨子作成
　（5）措置入院患者の退院後継続支援に係るガイドライン骨子作成
　（6）措置入院に係る診療ガイドライン骨子作成
　（7）精神科救急における薬物乱用関連問題に関する診療ガイドライン骨子作成
　（8）措置入院における退院後支援ニーズアセスメント骨子作成
　（9）措置入院者の転帰等に関する後向き調査
　（10）精神障害者に対する措置入院経験及び支援ニーズについてのアンケート調査
　（11）精神障害者及びその家族に対する聞き取り調査
　（12）「グレーゾーンモデル事例」の作成
　本稿においては，上記の各研究成果の一部を紹介する。

## 1　一部の自治体に対するヒアリング調査の結果

我々は，措置入院制度改革にあたり，いくつかの自治体関係者からヒアリングを行った。その内容として，各自治体における独自の取組みの状況について聴取するとともに，改正法案の目指している措置入院患者の退院後支援について意見を問うた。

肯定的な意見としては，「支援体制構築はあった方が良い」「入退院時に措置権者が関わることは必要」といったものがあった。また，既に措置入院患者への支援を自主的に始めていた自治体の中には，再措置が減り，財政面でもプラスになる感触を得ているところがあった。措置解除となる患者全員に対して自治体職員が面会し，患者の所感や今後の支援体制について確認している自治体もあった。

他方で否定的な意見としては，「人員が圧倒的に足りない」「保健師の負担が過剰になる」「精神保健専門のチームが必要」「交通費が不足する」「仮に地方交付税による財政措置が得られたとしても，その予算が精神保健福祉に回ってこない」といった，人的及び経済的資源の乏しさを懸念する声が多かった。また，「行政には支援体制構築のキャパシティがなく，病院に実務を委託せざるを得ない」「行政が責任主体となることで，病院側がフォローアップを行政に丸投げするおそれが増す」といった，行政と医療施設との連携の難しさを指摘する意見，「人権擁護の仕組みが弱い」「居住地から離れた指定病院に入院した場合の扱いに難渋する」といった意見も聞かれた。

まとめると，いわゆる処遇困難患者に対して何らかの手当を行う必要性には異論がないものの，実際に誰がどのような体制で関わるかについては議論の余地が大きく，措置入院者全員を自治体が一律に支援するのは現実的でないという意見が多かったと言える。

## 2　措置入院にかかる診療ガイドラインの骨子作成

措置入院患者に対する医療提供のあり方については，既に瀬戸らがガイド

ライン案を作成するなど検討が進められていた。研究班においては，杉山ら(7)を中心として，上記先行研究も参考にしつつ，措置入院診療ガイドライン（案）の作成が試みられた。その内容としては，「指定病院等の推奨設備，人員体制，診療機能等」「推奨される標準的な診療過程」「特定配慮事項（非標準的事態，早期解除，見落としやすいリスク）」「臨床倫理」「診療過程（アセスメント，カンファレンス，診療プラン，チームプラン，ケース検討会議等）」「グレーゾーン事例，医療外資源との連携」等が挙げられる。

　このガイドライン案は一旦概ねの完成を見たものの，その後の法案審議や診療報酬改定との兼ね合いで厚生労働省等との調整が続き，本稿執筆時点で検討中となっている。

## 3　「措置入院制度運用ガイドライン」

　研究班で議論を進める上で，法改正によらず現行の措置入院制度運用における自治体の動きを再確認する必要性が謳われた。

　このため我々は，現行制度のあるべき運用について整理する目的で，措置入院制度運用，とりわけ警察官通報における措置診察の要否判断にかかるいわゆる入口部分の標準的な運用を記したガイドラインを作成した。

　ガイドライン執筆にあたっては，措置入院制度運用に携わる自治体，病院，厚生労働省及び警察庁職員等から幅広くヒアリングを行い，その意見を参考にした。

　なお，このガイドラインを下敷きとして，厚生労働省は関係省庁との協議を行い，平成30年3月27日に「措置入院の運用に関するガイドライン」を発出した（平成30年3月27日障発0327第15号通知）。

　以下にガイドライン作成に当たり議論になった箇所について解説する。

---

（7）　吉住昭，稲垣中，遠藤洋，他：医療観察法による医療と精神保健福祉法による医療との役割分担及び連携に関する研究（その2）措置入院治療ガイドライン研究．厚生労働科学研究費補助金・医療観察法対象者の円滑な社会復帰促進に関する研究．平成26年度総括・分担研究報告書．PP109-112，2015．

### (1) 警察官通報受理に当たり確認すべき事項

① 「警察官通報」か否か

> 精神障害者について，警察から都道府県等に連絡する場面は，法第23条に基づく警察官通報のほか，法第47条の相談がある。自治体によって，警察からの連絡を措置通報として受けるのか，相談として受けるのかの判断にばらつきがあり，一部自治体では警察側と自治体側の認識が異なることがあるとの話も聞いている。したがって，通報を受理するに当たり，自治体職員は，警察官からの連絡が「警察官通報」であるのか，法第47条の「相談」であるのかを確認する必要がある。

② 被通報者の通報時点の所在

> 一部の自治体においては，被通報者の身柄が確保されていない状況で警察官通報が行われることが常態化しているとの報告がある。法令上は，警察官職務執行法により保護した者と，精神保健福祉法に基づく警察官通報の対象とは，必ずしも一致しない。警察庁関係者によると，当該者を保護ないし視認していない状況でも通報を行うことを求められることがありうるという。しかしながら実務上は，被通報者の身柄が確保されていない状況では指定医診察を行うことができず，このような通報は実効性を伴わないことになる。現に半数の自治体では身柄の確保を伴わない警察官通報を経験していない。かかる事態について把握するため，通報を受理するに当たり，自治体職員は，被通報者について，警察官職務執行法第3条等に基づく保護又は刑事訴訟法に基づく勾留中であるか否か，被通報者がどこに所在しているか等について確認する必要がある。

③ その他

> 警察官が被通報者を発見した状況，警察官が被通報者の精神障害や自傷他害のおそれを認めた具体的な状況，措置診察に係る手続に優先して身体的な治療を行う必要があるか否かの判断に必要な情報，被通報者の家族やかかりつけ医の有無等も，通報を受理するうえで確認すべ

き重要な情報と言える。

### (2) 事前調査の実施

警察官通報を受理した都道府県知事等は，その職員を速やかに被通報者の居所に派遣し，原則として被通報者との面接を行わせ，被通報者について事前調査を行った上で措置診察の要否を決定する。この事前調査は義務的である。

なお，被通報者に家族等がいること等を理由に，本来は措置診察を行うべき症状を有する可能性がある者について事前調査や措置診察を行わず，ことさらに医療保護入院に誘導するような取扱いは，措置入院の制度の趣旨から不適切であり，避けるべきである。この点，一部地域では措置入院制度に対して批判的立場を採る関係者が多く，極力措置入院での対応を避ける運用がなされているとの報告があった。実際，そのような地域では明らかに被通報者に対し要措置と判断された者の割合が低くなっている。措置入院制度の是非については様々な意見がありうるが，現場で被通報者に対応するにあたっては現行法規を遵守する必要があろう。

研究班では，このことについて，措置入院制度運用の地域間格差の主たる原因の一つであると推測し，是正の必要性をガイドラインに記述した。しかし，厚生労働省は，上記のような書きぶりは逆に措置入院を増加させようとしているかのような誤解を与えるのではないかとの懸念から，上記記載を厚生労働省通知に採用することを見送ったと聞いている。

### (3) 措置診察を行わない決定が考えられる場合

全国的には，措置通報の対象となった者のうち，指定医診察を受けた者の割合は34.5％となっている（平成28年衛生行政報告例）。すなわち被通報者の3人に2人は自治体によるスクリーニングによって診察不要とされていることになる。被通報者に対する指定医診察は，当人に負担をかける行政処分という意味では謙抑的に考えるべきである一方，専門家による判断を得て適切な精神医療につなげる貴重な機会であるとの考え方もできる。また多くの自治体で指定医確保に難渋している現状では，被通報者のすべてを指定医診察に

回すことは不可能という現状もある。これらの事情を勘案すると，自治体によるスクリーニングを適切に執行する必要性は明らかである。研究班の議論では，事前調査の結果，都道府県知事等が措置診察を行わない決定をすることができる場合として，以下が想定された。

①被通報者の主治医等担当医の見解から明らかに措置診察不要と判断できる場合
  ➢ 被通報者が既に精神医療を受けていて，当人の病状をよく知る担当医が，適切な医療提供を提案できる場合は，ことさら措置入院を活用せずとも，当人及び周囲の安全を守ることが可能であろう。ただし，現に精神医療を受けているにも関わらず措置通報に至ったという状況を重く見て，指定医診察が必要と判断されることもありうる点に注意が必要である。

②被通報者に精神障害があると認める根拠となる被通報者の具体的言動等がない場合
  ➢ 自治体職員は基本的に精神医療の専門家ではないため，被通報者の精神科診断をつけることはできない。ただし，精神科診断を下すにあたり必要となる被通報者の具体的言動が全く確認できない場合は，そもそも措置要件を満たさないことが明らかであるため，指定医診察を行うに及ばないと考えられる。例えば，怒声を聞いた近隣住民が通報したものの，自治体職員の調査の結果，家庭内での諍いに過ぎないことが判明した場合などが想定される。もっとも，かような場合においても，諍いの背後に当事者の精神障害が潜んでいる可能性が少しでもあれば，指定医診察を行うのが妥当であろう。

③被通報者に措置要件に相当する自傷他害及びそのおそれがあると認める根拠となる被通報者の具体的言動等がない場合
  ➢ 措置入院の対象となる他害行為は，刑罰法令に触れるものとされている。騒音や悪臭等の場合は，被通報者の行為が精神保健福祉法による他害に該当するか否かで見解が分かれることがある。また自傷のおそ

れについても，浪費や自己の所有物の損壊といった行為に留まる場合には，原則として措置入院の対象にならない。ちなみに，DSM-5で新たに精神障害として収載されたためこみ症によるセルフケア不全や近隣への迷惑行為をもって非自発的入院の適応とすべきか否かについては，国際的にも議論がある。

④被通報者の所在が不明もしくは，通報受理自治体に所在していない場合
  ➤ 自治体職員が被通報者と接触できなければ，診察の必要性の有無を問わず，指定医診察は行われないことになる。

なお，身体科救急受診を要する場合は，救命等を優先し，必要な支援を行うべきである。治療にある程度の日数を要し，かつ，自傷他害のおそれが生じ得ない状況もしくは環境下にある場合，例えば病院の集中治療室において観察されている場合等においては，診察不要とすることができる。ただし，身体治療が一段落して被通報者が生命の危機を脱した段階で，あらためて精神症状が顕在化することも多い。その際には，あらためて措置通報が必要となることがある。

また，飲酒酩酊状態の者に対する扱いについても，研究班において深い議論がなされた。酩酊状態にある者に対して精神科診察を適切に行うことは困難であるというのが精神科医師のコンセンサスである。したがって，まずは被通報者が酩酊状態を脱するまで待った上で，あらためて事前調査を行い，診察の要否判断をすべきという原則が確認された。しかしながら，警察庁関係者からは，酩酊下で他害行為に及ぶものの酩酊が覚めると表面的には措置症状が消失してしまい，しかしながら潜在的には気分障害等が残存している者の存在が示唆された。このような者に対しては，酩酊状態で指定医診察を行うことでしか，精神医療につなげることができないのではないかとの指摘を踏まえ，ガイドラインにはその旨の記載を行った。とはいえ，物質依存そのものは基本的に非自発的入院の対象ではないため，運用にあたっては厳重な注意が必要である。他方で，酩酊が覚めるまで指定医診察を延期するという運用にあたり，被通報者の観察をどこで行うかの議論もなされた。現実的

には，酒に酔って公衆に迷惑をかける行為の防止等に関する法律に基づき警察において被通報者を保護しておくことが多いのではないかという意見が出た。しかし同法を一律に適用することを前提とすることは困難であるとの意見を踏まえ，同法についてガイドラインに記載することは見送られた。

### （4）措置診察にあたる指定医の選定

都道府県知事等が，措置診察を行う2名の指定医については，同一の医療機関に所属する者を選定しないことを原則とするべきである。また，指定医の所属先の病院に被通報者を措置入院させることについては，避けるように配慮すべきである。

これらの規定は，「精神保健指定医の選定について（平成10年3月3日障第113号・健政発232号・医薬発第176号・社援第491号厚生労働大臣官房障害保健福祉部長・厚生省健康政策局長・厚生省医薬安全局長・厚生省社会・援護局長通知）」に記載されているとおりである。その趣旨は，措置入院判断におけるモラルハザードを防ぐことである。例えば，同じ所属先の指定医2名の間には，上下関係があることが多く，また判断に至る考え方も類似していることが想定されるため，2名が独立した判断を行うことで不適切な措置入院を防ぐという制度の趣旨が損なわれるおそれがある。また，指定病院の管理者的立場にある指定医は，診療報酬における精神科救急入院料の算定要件を満たす等の目的から，自らの所属する施設に措置入院患者を入院させるインセンティブを有する場合がある。このようなインセンティブは，公正中立な判断の妨げとなるため，所属先の病院への入院を前提とした措置診察は避ける必要があるのである。実際に，二次診察で自らの施設に入院させる被通報者の診察のみ受諾する指定医がいるとの話も聞いている。

他方で，このような性悪説に基づく考え方は，現場で措置診察に当たる指定医からすると受け入れがたいものであることは想像に難くない。さらに，診察医の所属先に被通報者を入院させることの是非については，複層的な論点がある。例えば，入院の要否を判断した医師が入院後の治療を担当することには，判断根拠と治療目標の整合性を保ちやすいというメリットがある。

措置診察時点での状態を直に見ている指定医がその後の診療に携わることで，患者の適切な病状評価に資することもありうる。その逆に，患者側にしてみれば，実質的に自分を入院させた指定医の療養指示に従うことに抵抗を覚えることもある。本来措置入院は県知事等の命令による入院措置であるため，入院治療を担当する医師は，患者とともにその精神状態の改善に励み，行政から退院許可を得ることを目指す治療共同体を結成しやすいという利点が指摘されている。しかし，入院の要否を決定した指定医が入院先施設に所属することでその治療共同体が機能しづらくなるおそれがあるのである。

加えて，そもそも一部の地域においては，診察医と入院先施設の選択肢に乏しく，上記の規定を遵守すると措置入院業務が円滑に行えなくなるとの訴えも見られる。この問題は地域人口や医療資源の偏在等に依拠するものであり，一朝一夕に解決できるものではない。そのため，この規定は現時点ではあくまでも努力義務とされている。とはいえ，措置診察に当たる指定医と措置入院先の施設を十分に確保し，事例ごとに最適化された運用を行えることが理想であることは言うまでもない。

(5) 一次診察と二次診察の運用

措置診察を行う2名の指定医が被通報者を診察する際に，一次診察と二次診察を分けて行うか，あるいは同時に行うかは，地域によってばらつきがある。概ね関東近辺では同時診察が，その他の地域では別々に診察が行われているようである。両者にはそれぞれメリットとデメリットがあるため，現行法規ではいずれの運用でも差し支えないこととなっている。

ただし，各指定医の独立性を担保するため，同時診察や合議を行う場合にも，要措置あるいは措置不要の最終判断は，各指定医が個別に行わなければならない。合議により措置入院の要否を決定してしまっては，独立した2名の指定医の判断という前提が損なわれてしまう。具体的には，二次診察を行う指定医に一次診察の診断書を提供することは望ましくない。この点，一部地域では，二次診察を行う指定医が業務効率化のために一次診察の診断書の閲覧を要求し行政との間でトラブルになったことがあるとの報告があった。

医療者としては，過去の診療情報の全てを目の前の患者のために活用するのが定跡であるため，一次診察の診断書を閲覧しないという運用を理解させるには適切な説明が必要であろう。また，一部地域では，指定医の多くが多忙で所属先の施設を離れられないため，自治体職員が被通報者を一次診察の施設，二次診察の施設，そして措置入院先へと次々に搬送する運用をとっているという話も聞いた。現状止むを得ないところではあるが，被通報者の負担をなるべく減らす方向で検討することが望ましい。

### 4 「措置入院者等の退院後支援ガイドライン」

このガイドラインは，改正法案成立を前提として，施行後の効果的な運用を目指して研究班が作成した試案であった。

作成に当たっては自治体及び医療機関等の関係者を交えて意見交換を繰り返し，その有用性及び実現可能性に留意した。

厚生労働省では，改正法成立後に，本ガイドラインとの整合性を確認したうえで改正精神保健福祉法の運用細則に係る通知を発出することを想定していたと聞いている。しかし，国会閉会に伴い精神保健福祉法案が廃案となり，再提出のめども立たない状況となった。そのため厚生労働省は，まず現行法制度下でも可能な退院後支援の拡充を目論み，平成30年3月27日に「地方公共団体による精神障害者の退院後支援に関するガイドライン」を発出した（平成30年3月27日障発0327第16号通知）。同ガイドラインは基本的に研究班で作成した試案と整合する内容であるが，現行法制度化で実施可能な内容に限定しているため，いくつか異なる点がある。それは，「支援の対象を措置入院者に限定せず，病院側の申し出に対して自治体が支援を必要と認めた者全般を対象とすること」「退院後支援に関する計画を策定するにあたっては支援対象者の同意を必須とすること」「支援対象者が居住地を移した場合に自治体間で情報共有を行うのは，支援対象者が同意した場合に限ること」等である。その他，改正法案に定義される用語はすべて差し替えが行われた。また平成30年度診療報酬改定において，措置入院を経て退院した患者に対する

通院・在宅精神療法等が新設された。以下，研究班の作成したガイドライン試案は「試案」，厚労省が発出したガイドラインは「厚労省通知」と書き分け，双方に共通する内容は「ガイドライン」と呼称する。

以下にガイドライン作成に当たり議論になった箇所について解説する。

### （1）退院後支援計画

試案においては，改正法に基づき，措置入院または緊急措置入院した者の全てに対して自治体が退院後支援計画を作成しなければならないと義務付けていた。ただし，緊急措置入院したもののその後の措置診察で措置不要とされた者にまで退院後支援計画の策定を義務付けるのは不適当ではないかという意見が研究班員の中では支配的であった。この点，緊急措置入院者を計画策定の対象に含めたのは，厚生労働省の強い意向によるものである。

退院後支援計画の作成に当たりたびたび議論されたのは，支援対象者が支援を受けることに消極的な場合にどうするかという問題であった。この点については後述する。

### （2）個別ケース検討会議

試案においては，退院後支援計画を策定するにあたっては，個別ケース検討会議を行うこととされた。これはいわゆるケア会議であり，支援対象者を中心に関係者が一同に介して支援内容を話し合うための場を意味している。

ここで話し合うべきは，各種サービスの利用計画や地域移行支援・地域定着支援の内容とともに，支援対象者の病状が悪化した場合の対処方針，いわゆるクライシスプランの作成も含まれる。なお，「クライシスプラン」という用語について，厚生労働省からはこの言葉を用いることに慎重な意見が表出された。しかしこの言葉は既に国際的には標準化されており，医療従事者の間でも馴染みが深く，我が国でも一部の精神障害当事者によって積極的に用いられている等の事情を勘案し，採用されることになった。

個別ケース検討会議をいつ開催するかについては，研究班員の中で意見が分かれた。本来は措置入院の直後に会議を行い，今後の方向性について関係者の認識を共有しておくことが望ましい。しかし，支援対象者の病状が悪

く，会議に参加したり退院後の生活について検討したりする余裕のない状況では，関係者が集まっても形式的な開催にとどまってしまうおそれがある。また退院後に具体的にどのようなサービスを利用するかが判明してからでないと，会議に誰が参加するかを確定させることが困難であろう。このため，個別ケース検討会議は，支援対象者の地域への退院のプランが見え始めた段階で開催することが妥当との結論に至った。そのため，措置解除後も継続して入院する場合にはあえてそのタイミングで会議を開くには及ばないこととされた。ただ，本来であれば，退院が困難で今後の方向性が見えづらい状況でこそ，関係者が参集してケアプランを話し合うべきであろうとの意見もなされた。その一方で，措置入院患者のすべてに対して複数回の個別ケース検討会議を行うのは現実的でないという見地から，必要的開催頻度を設定することは見送られた。

　なお，過疎地や離島等関係者が一堂に会することが困難な場合や，旅費の捻出が難しい場合を想定して，この会議は必ずしも面前で行う必要はなく，関係者が電話やインターネット回線を通じて話し合うことも会議の一形態として認めることになった。セキュリティ等の課題もあるが，これは今後の期待される遠隔診療の発展を見据えての規定でもある。

（3）退院後支援ニーズアセスメント

　改正法案では，措置入院した患者は指定病院の職員による退院後支援ニーズアセスメントを受けることを想定していた。このニーズアセスメントは，医療観察法案の審議でも度々論点に出た「リスクアセスメント」にも通じる概念である。患者の将来の精神障害に基づく自傷他害のおそれをなるべく正確に評価することは，患者本人及び社会を守るためには欠かせない営みである。他方で，自傷他害のおそればかりにこだわって患者を評価していては，精神障害者の社会参加に寄与するという精神保健福祉法の理念を十分に体現することができない。すなわち，患者が地域生活に帰るうえで何が必要なのかを包括的に評価することが，支援のためにも，自傷他害の防止のためにも，必要となるのである。この「リスクアセスメントからニーズアセスメン

ト へ」は世界的な潮流でもある。[8]

上記の目的のため,支援対象者のニーズを的確に評価するためのツールを開発することが急務となった。研究班のサブグループの中で議論が行われ,医療観察法の共通評価項目その他のツールも候補に上がったが,最終的にはThe Camberwell Assessment of Need（CAN）[9]に一部項目を追加し,「退院後支援ニーズアセスメント」として新たに創作したツールを導入することになった。その際には項目を追加しても原版のCANとの整合性が保たれていることをCANの原著者に確認した。

下記に退院後支援ニーズアセスメントの各項目を示す。各々の項目は,0＝支援の必要なし,1＝この領域に問題があるが,効果的な支援を受けている,2＝この領域に問題があり,効果的な支援を受けていない,9＝不明と評価する。

A：生活機能（活動）
  A1食事：料理,外食,適切な食事の購入
  A2生活環境の管理：自室や生活環境を整えること
  A3セルフケア：入浴,歯磨き等の清潔保持
  A4電話：電話の有無,電話使用の可否
  A5移動：公共交通機関,車等の移動手段の利用
  A6金銭管理：金銭の管理と計画的な使用
  A7基礎教育：読み書き,計算等の基礎学力
B：社会参加
  B1日中の活動：適切な日中の時間の過ごし方
  B2交流：家族以外との社会的交流
C：環境要因
  C1住居：退院後の居住先
  C2経済的援助：生活保護等の経済的援助の必要性
  C3親しい関係者：家族,パートナー等との関係性

---

(8) Harry GK. From Risk Assessment to Needs Assessment : Triage, Safety and Recovery. In the Proceedings of the 10th European Congress on Violence in Clinical Psychiatry, 2017.

(9) Phelan M, Slade M, Thornicroft G, Dunn G, Holloway F, Wykes T, Strathdee G, Loftus L, McCrone P, Hayward P. The Camberwell Assessment of Need : the validity and reliability of an instrument to assess the needs of people with severe mental illness. Br J Psychiatry. 167 (5) : 589-95, 1995.

C4子供の世話：18歳以下の子供の養育
　　　C5介護：高齢者，障害者の介護
　D：心身の状態
　　　D1精神病症状：幻覚，妄想，思考障害等
　　　D2身体的健康：身体疾患，副作用を含む身体症状
　　　D3心理的苦痛：不安，抑うつ，悩みごと等
　　　D4性的な問題：性嗜好の問題，性機能障害等
　E：支援継続に関する課題
　　　E1処遇・治療情報：処遇・治療に関する情報提供とその理解
　　　E2治療・支援への動機づけ／疾病の自己管理
　F：行動に関する課題
　　　F1アルコール：アルコールに関連する問題全般
　　　F2薬物：処方薬依存・乱用を含む薬物関連の問題全般
　　　F3自分に対する安全：自殺関連行動等，セルフネグレクト等
　　　F4他者への安全：暴力，威嚇行動等
　　　F5行動上の問題：衝動性や強迫行為，嗜癖等

　退院後支援ニーズアセスメントは，主に支援対象者を治療している医療者が評点するものである。しかしながら，治療の段階によって評価が困難な項目もありうる。例えば過去に治療歴のない患者が措置入院してきた段階では，ほとんどの項目が「9＝不明」と評点されるであろう。それで構わない，つまり支援対象者のニーズがまだ把握できていないという認識を関係者間で共有することが重要であるというのが，ニーズアセスメントの考え方である。同様に，措置解除前の段階では，生活環境の管理や金銭管理等の項目が評価しづらいかもしれない。そこで支援対象者に関わったことのある関係者に話を聞いたり，仮退院制度を活用したりして，ニーズの把握に努めることが必要になってくる。

　退院後支援ニーズアセスメントの各項目が，支援対象者の社会的予後とどの程度相関してくるかについては，今後の検証が必要である。

### （4）本人が支援を拒否したときの対応

　最後に，試案では支援対象者が支援を拒否した時の対応について述べる。支援対象者が支援を望まなければ実質的に有効な支援を行えないのは自明

であろう。「支援」を「強要」するのはナンセンスである。しかし改正法案では支援対象者の意向によらず退院後支援計画を作成しなければならないとされていた。この矛盾を解消するために，試案ではわざわざ一節を割いて解説を加えた。

　まず，支援対象者は自治体の策定した退院後支援計画に従う義務はまったくないということを明示した。これは保護観察制度等との大きな違いである。研究班の議論では，改正法案で導入を目指す制度が措置入院者の支援のための仕組みである以上，これは当然のこととされた。ただし，関連学会等における議論では，より監視の性質を強めた仕組みでなければ社会的予後を改善できない事例もあるのではないかという意見もなされた。

　退院後支援計画の策定にあたり支援対象者とよく話し合い，丁寧な説明を行うこと等により，できる限り計画に基づく支援の必要性について理解と納得を得るよう努め，本人が必要な医療等の支援を継続して受けられるように対応するのは，支援者として当然の取り組みである。それでも支援対象者が支援を拒否するような場合には，実質的な介入は行わず，支援対象者の情報を関係機関が共有し，病状再燃など有事の折に迅速な対応が取れるように準備しておくに留まるであろうという意見がなされた。

　ただ，その際，支援対象者が拒否したから支援は行わないというのはいかにも短絡的である。支援の密度や方法には様々なグレードがある。支援を行うか行わないかの二元論に陥ることなく，保健所等の職員による訪問，定期的な連絡，家族その他の支援者との情報共有等，種々の手段を勘案して，本人の状況に応じた段階的な支援の提供を検討することが望ましいということも強調した。

　他方で，いったん開始された支援に対し，支援対象者が支援の打ち切りを求めた場合，それが支援対象者本人の病状の悪化によるものと判断できる場合においては，先に策定したクライシスプラン等に基づく対応を行うことが優先されることになろう。

## 六　その他の研究

　以上紹介してきた，措置入院制度の運用，及び措置入院患者の退院後支援に関するガイドラインづくりが，研究班の最も大きなテーマであった。他方，それ以外にもいくつかの研究が現在も進行中である。
　ガイドラインづくりにあたり，いわば措置入院制度改革の最大のステークホルダーである，精神障害当事者・家族の意見を聴取することは欠かせないと考えた我々は，機縁法により精神保健福祉行政に詳しい精神障害当事者・家族数名に各々ヒアリングを行い，意見を求めた。その結果は試案づくりに活かされている。例えば，個別ケース検討会議を開催するにあたり，いきなり関係者を名乗る者が多数参集してしまうと，支援対象者が萎縮してしまって意見を言いづらくなるという指摘があった。このため，個別ケース検討会議の開催に先立ち，支援対象者が自らの意見を表明しやすくするための工夫と，中心的な支援者は支援対象者の入院当初から信頼関係構築に励む必要があること等について，試案に盛り込まれることになった。また，支援対象者と家族との関係においては，必ずしも当事者間で良好な関係が築けていない場合も想定されることから，当事者と家族を同列に扱うことには慎重であるべきとの意見がなされた。逆に，血縁関係者でなくとも，支援対象者が信頼の置ける友人・知人に対しては，家族に近い立場で支援者として加わってほしいという要望も聞かれた。その一方で，支援対象者から忌避されているというだけの理由で，支援する意志を有している家族が関係者から阻害されることのないよう配慮する必要性についても指摘された。国会審議でしばしば議論された，支援者として警察が関与することの是非については，「ケースバイケースであろう」という現実的な意見がなされた。
　また，できるだけ多くの精神障害当事者の意見を収集するため，我々はインターネットベースのアンケート調査も実施した。379名の精神科入院経験

者から回答を得て，結果を解析し，学術誌に発表した。[10]

さらに，そもそも措置入院の対象になるか否かの判断が困難な事例，いわゆる「グレーゾーン事例」に関する議論も不足している。政府はグレーゾーン事例の存在について関係者が認識を深める必要性について指摘している。[11][12] 我々はグレーゾーン事例に対しては精神保健医療福祉のみならず司法，教育，警察その他様々な関係機関が連携して対応する必要があるという仮説に基づき，研究を進めている。

## 七　おわりに

これまで縷々精神保健福祉法改正案とそれに基づくガイドラインづくりの取組みについて述べてきた。

研究班においては，従来の措置入院制度の適正化，均てん化及び措置入院医療の質の向上が必要であるという点で意見の一致を見ている。相模原事件の再発防止という矮小化した視点で措置入院のあり方を検討することが，精神保健福祉の向上につながるとは考え難い。そもそも，措置入院制度に関する課題自体，あくまでも我が国の精神保健医療福祉の課題のごく一部に過ぎないのである。

今般，研究班で策定した試案は，あくまでも研究成果物に過ぎず，また本研究の自然科学的な意味でのエビデンスレベルは非常に低い。その一方で，多職種及び当事者・家族等の視点も組み込んだコンセンサス形成には十分に配慮したつもりである。

もとより，改正精神保健福祉法案は措置入院制度を抜本的に改革するものでもないし，そもそも「措置入院者すべてに有用な支援」など存在しない。

---

(10)　Shiina A, Ojio Y, Sato A, Sugiyama N, Iyo M, Fujii C. The Recognition and Expectations of Ex-inpatients on horensic Mental Health Systems : A web-based questionnaire survey in Japan. Plos One 13 (10) e0197639, 2018.
(11)　前掲注5参照。
(12)　前掲注6参照。

それでもなお，課題山積の現状を受け入れつつ，漸進的な制度改革による精神保健医療福祉の向上を目指すべきであるというのが筆者の信念である。

**お断り**
　本稿は，筆者の遅筆のために脱稿が大幅に遅れてしまい，関係者諸氏に迷惑をかけた。この場を借りてお詫び申し上げる。同時に，学会発表の後で厚生労働省がガイドラインを発表する等，いくつかの動きがあった。そのため，読者がなるべく最新の状況をキャッチアップできるよう，本稿には学会発表の内容からかなりの改変を加えた。
　本研究の成果は藤井班の先生方をはじめ厚生労働省，各自治体，警察庁等の関係者の多大なご尽力によるものである。他方，本稿の内容は基本的には筆者の個人的見解であり，文責はすべて筆者にあることを申し添える。

**利益相反の開示**
　発表者は，本講演内容に係る研究費として，厚生労働行政推進調査事業費補助金（障害者政策総合研究事業（精神障害分野））「精神障害者の地域生活支援を推進する政策研究」（研究代表者：藤井千代）による研究助成を受けている。
　また，発表者は，平成28-30年度科学研究費助成事業（学術研究助成基金助成金）（基盤研究（C））「医療観察法における鑑定入院アウトカム指標の確立と検証に関する研究」の研究代表者として研究費の支弁を受けている。
上記以外に発表内容に関して報告すべき利益相反はない。

□シンポジウム「精神保健福祉法の改正について」□

# 精神保健福祉法はどこへ向かうのか

弁護士
姜　文江
きょうふみえ

## 一　はじめに

　2017年12月2日に行われた法と精神医療学会において，筆者に与えられたテーマは，同年2月28日に国会に提出された精神保健及び精神障害者福祉に関する法律の一部を改正する法律案（以下，「改正案」という。）の問題点を述べよ，というものであった。改正案は，第193回国会（以下，単に「国会」ないし「今国会」という。）の参議院において附則のみ修正の上可決されたものの，その後の衆議院解散により廃案となった。その後，日本弁護士連合会が改正案の問題点を指摘した意見書を公表したが，その後も改正案が同じ内容で再提出されるという情報もあり，今後の見通しは不明である。もっとも，本稿執筆時（2018年5月1日）においては，厚生労働省（厚労省）社会・援護局障害保健福祉部長から改正案の内容を一部取り入れた「措置入院の運用に関するガイドライン」及び「地方公共団体による精神障害者の退院後支援に関するガイドライン」（以下，「退院後支援ガイドライン」という。）が作成されており，

---

（1）　精神保健福祉法改正案に対する意見書（2017年11月15日）。
　　https://www.nichibenren.or.jp/library/ja/opinion/report/data/2017/opinion_171115.pdf
（2）　「措置入院の運用に関するガイドライン」について（平成30年3月27日，障発0327第15号）。
（3）　「地方公共団体による精神障害者の退院後支援に関するガイドライン」について（平成30

改正案の目的は一部達せられているともいえる。そのため，ここで指摘した問題点のうち，一部は解消され，一部は残されたといえる。しかし，いずれにしても，今回の改正案の方向性は，精神医療の分野だけでなく，再犯防止という観点から論じられる社会内処遇など，現在の緩やかな監視を求める日本社会の問題を考える上でも意義があると筆者は考えるので，今一度振り返りたい。

## 二　改正案の問題点

### 1　精神障害者に対する差別・偏見の助長
### （1）不明確な「措置入院者退院後支援計画」の創設理由

　改正案の目玉は「措置入院者退院後支援計画」の新設であったが，その創設理由とは何か？

　当初，改正案については，厚生労働大臣は，「相模原市の障害者支援施設で発生をした殺傷事件（2016年7月26日に発生した事件。以下，「相模原事件」という。）…を踏まえ，措置入院者が退院した後の医療等の支援の強化」を行うために法案を提出したと述べ，これに先立つ施政方針演説において首相も相模原事件の「再発防止対策」と述べ，厚労省のウェブサイトにも改正案の概要説明として相模原事件を挙げて「二度と同様の事件が発生しないよう…法整備を行う」と記載されていた。本事件の被告人（本稿執筆時の立場として，以下統一してこのように表記する。）が事件前に措置入院をしていたことから，今回の改正の話が具体的に出たからである。しかし，相模原事件の被告人が起訴前鑑定によって責任能力ありと判断され，検察官が起訴したため，精神障害に起因する事件ではないのではないか，むしろ関連付けることは，「(精神

―――――――――――――
　年3月27日，障発0327第16号）。
（4）相模原事件の前から措置入院制度の改善を求める意見がなかったわけではないが，少なくとも厚労省の設置した「これからの精神保健医療福祉のあり方に関する検討会」では，2017年1月27日まで議題として取り上げられてはいなかった。
（5）2017年4月11日参議院厚生労働委員会川合孝典議員発言。

障害者は）怖い，危ないといった印象を植え付けてしまう」などと国会で批判された。その結果，「二度と同様の事件が発生しないよう…法整備を行う」との文言が厚労省の説明文から削除されるに至った。

しかし，その後も改正案の審議は維持され，今度は，相模原事件の検証をする中で「現行制度上の課題」が発見された，と説明されるようになった。ここで説明された「課題」とは，措置入院後の支援が「制度化されていない」，行政間の情報伝達に「不備があった」，などというものであり，それ自体はその通りであるが，その結果具体的にいかなる問題・不都合が生じていたのかは明らかにされなかった。

その次には，「孤立防止」として，相模原事件の被告人が孤立して地方自治体等から必要な支援を受けていなかったと説明された。しかし，この点についても，同被告人は自らハローワークに行ったり，生活保護の申請に行き訪問調査を受けたり，家族とも会うなどしており，孤立していた事実は認められていなかった。行政から必要な支援を受けていなかったことが問題であれば，むしろハローワークや生活保護の窓口に問題があった可能性があり，精神障害者側の制度を改正する必要はなかった。

### （2）措置入院者のみ退院後支援を行う理由

改正案では，措置入院者については漏れなく全員を退院後支援計画の対象とする一方，医療保護入院者など他の入院形態の精神障害者については退院後支援を行わない。その理由は何か？

一つは，「人的資源」が限られているという点が挙げられた。しかし，そうであればなおのこと，すべての措置入院者を対象とする必要はなく，支援の必要性の高い入院者から優先して退院後支援を行えばよいのではなかろうか。

第二に，「環境を整える必要性」も理由として挙げられた。しかし他方で，

---

(6) 2017年4月13日参議院厚生労働委員会池原毅和参考人発言参照。
(7) 「中間とりまとめ 〜事件の検証を中心として〜」（平成28年9月14日　相模原市の障害者支援施設における事件の検証及び再発防止策検討チーム）。

措置入院者の7割は医療保護入院や任意入院など他の入院形態に変更して引き続き入院しているという統計もある。(8) そうであれば、実際に自宅に戻る時点では最初から医療保護入院だった人と同じだともいえ、退院後支援の必要性がそれほど異なるとは考えにくい。

また、第三に、「措置ゆえの自治体が関わりを持つ必要性」があるとも説明された。しかし、措置入院に自治体（公権力）が関わるのは、本人の意思に反して強制的に入院させる＝自由を制限するものであるから公権力によって行うという点に意味があるのである。本来、医療保護入院のように民間人が強制的に私人の自由を制限するということの方が異例なのである。したがって、入院時に自治体が関わることが退院後も自治体が関わることの理由にはならない。強制的な自由の制約が終わったら（措置入院が解除になったら）、その時点で当初の公権力の役割は終わるのである。むしろ、市民の健康・福祉の維持・増進を平等に担うという自治体の本来の役割からすれば、退院時・退院後はすべての精神障害者が平等に支援を受けられるようにすべきではなかろうか。

## （3）それでもガイドラインが作成されたことによる影響

以上の通り、措置入院者のみに退院後支援計画を作成する理由は、いずれも不十分と思われる。しかし、現実に「退院後支援ガイドライン」を通じて改正案の目的はほぼ達せられた。このガイドラインは、形式的にはすべての入院中の精神障害者が対象となっているものの、措置入院でない者については「求めがあった場合」が例示されており、どこまで真のニーズに応じて活用されるかは自治体次第となっている。これによって、＜相模原事件を契機に措置入院者について退院後に行政が管理する仕組みが作られた、やはり措置入院者は危険だ＞という誤った印象や偏見が社会に与えられないよう、今後の自治体の取組みが望まれる。

---

(8) 2017年4月25日参議院厚生労働委員会堀江裕厚労相社会・援護局障害保健福祉部長答弁。

## 2 本人不在の退院後支援計画
### (1) 改正案における当事者の軽視

　改正案のもう一つの重要な問題点は，一貫して当事者本人が軽視されているという点であった。「Nothing about us, Without us」のスローガンの下に成立した障害者権利条約を持ちだすまでもなく，自分の生き方に関わる計画に自分の意思を反映させるというのは，憲法13条の個人の尊重，自己決定権の観点からも当然のことである。

　しかるに，改正案では，条文上，まったく本人の関与が明記されていなかった。国会審議中にようやく厚労省の説明文書に精神障害者支援地域協議会(以下，単に「協議会」という。)に本人が参加できることが書かれるに至った程度である。厚労省は本人の参加は当然の前提と説明するが，他方で，本人が作成を拒否している場合でも退院後支援計画は作成するとも答弁されていた。その理由は，「本人が望むに至った場合」に備えて入院中から作る，と説明された。

　しかし，本人が支援を拒否している時と希望した時とで，支援計画の内容は同じなのだろうか？筆者は弁護士であって医学的には素人であるが，精神障害者からの退院の相談に応じる中で，支援の必要性を理解する場合と拒否的な場合とでは病状にも差異がある場合が多いことを実感している。本人が拒否している時に一方的に作った計画が，後にそのまま使えるというのには疑問を感じる。本人が支援を必要としたときの病状に応じて，またそのときの本人の希望や選択を取り入れてこそ，本人にふさわしい支援計画が作成されるのではなかろうか。

　また，「退院後支援計画は強制するものではありません」との答弁が繰り返される中で，「強制」性をなくすために，「同意」を得ることも強調された。しかし，そもそも措置入院という非自発的入院の最中に真摯な同意があ

---

(9) 改正案において，本人は退院後支援計画の交付先としてしか記載されていない（改正案47条の2第4項）。精神障害者支援地域協議会の参加者として本人は記載されていない（改正案51条の11の2第1項）。

りうるのだろうか。一日でも早く退院したい患者は，計画の内容に不満があっても，退院との交換条件として同意してしまわないだろうか。逆に，冷静に支援計画を理解し同意するような患者が，「自傷他害のおそれ」という措置入院の要件を満たしているのだろうか。任意入院に切り替えるべき状態になっていてこそ計画に同意できるのではなかろうか。

いずれにしても，本人が拒否しているときに支援計画が作られたり，すでに出来上がった計画に対する同意を求められる事態が当然のように前提とされており，本人に「選択の機会」が保障されているとは言い難い。障害者権利条約19条で謳われている「他の者と平等の選択の機会をもって地域社会で生活する平等の権利」が保障されているとは言えないのである。

## （2）退院後支援ガイドラインについて

なお，改正案に代わって設けられた「退院後支援ガイドライン」によれば，本人の同意が得られない場合には計画の作成を行わないことが明記されており，この点は改正案に比べると評価できる。

もっとも，前述の＜真摯な同意が確保されているのか＞という懸念を払拭するには，計画作成のために入院中に開催される会議に本人の信頼できる代理人が参加するか，退院後に本人の希望に基づいた計画の変更や終了が保障されることが求められるといえる。しかし，「退院後支援ガイドライン」では，前者の代理人については，信頼できる家族や知人がいない場合に，資力のない患者が第三者を代理人として選任する機会が保障されておらず，極めて不十分である。また，後者の計画の変更・終了についても，本人が希望した場合であっても，まず「その必要性も含めて検討を行う」とされ，本人が同意を撤回する意向を示した場合も，「その真意を確認した上で」「必要に応じて計画内容を見直す」，「十分な対応」を行っても同意を得られない場合にのみ計画に基づく支援を終了するとされているなど，かなりハードルの高いものとされている。

## （3）精神障害者の「意思」が軽視される背景

話は改正案から少しそれるが，筆者は，以前から，精神障害者について

は，個々の病院内でも，法制度やその検討過程においても，その意思が軽視されていると感じる場面に遭遇することが多々あった。

例えば，長期入院をして積極的に退院を希望しない入院患者の「意思決定支援」をして退院の意欲を引き出そうという話がある。これは一見するとその「意思」を尊重しているかのように聞こえる。しかし，そもそもこのような意思決定支援が必要な状況になったのは疾病が原因なのだろうか？精神疾患によって「退院したい」と思えなくなるのだろうか？

退院請求の依頼を受ける弁護士の立場からすると，入院中の患者から退院請求の依頼があった場合，本人の病状に鑑みて入院した方がよいと考えてしまって依頼を受けない弁護士はいるかもしれない。しかし，退院したいという意思そのものに疑問を感じて，これは病気によるものであって真意ではないから，という理由で依頼を受けないというのは聞いたことがない。

退院したい，家に帰りたいというのは人として自然な感情である。しかし，そのような希望が否定される場面に出会うことの多い弁護士としては，入院時から医療関係者は本人の＜いつかは退院する，家に帰る＞という意思にどれだけ配慮してきたのだろうか，と感じることがある。退院するという意思をあきらめさせる環境はなかったのか。退院したいという希望が何度も踏みにじられてきたから意思を表明できなくなり，心の奥底に退院したいという意思を封じ込めてしまったということはないのか。そのような疑問が尽きない。

また，精神障害者を地域で支えているある医師は，こう述べていた。「私たちの経験によれば，皆さんが思っているよりも，本人は具合が悪くても自分に関する会議に関心があります。『具合が悪いから参加できない』と決めつけるのは，たいてい主治医をはじめとする，専門家側です。自分たちが，本人を動揺させたり，傷つけることなく，話し合いを進める自信がないからです。」

精神障害者だからといって障害を理由にその意思を軽視するのではなく，一人の人として，その意思を確認し尊重する姿勢が求められているように思

う。

### （4）当事者の望む制度・支援計画を

　障害者権利条約4条3項は，障害者に関する政策の作成過程等において，「障害者を代表する団体を通じ，障害者と緊密に協議し，及び障害者を積極的に関与させる」ことを締約国に求めている。国は，当事者団体の意見を真摯に取り入れて，当事者の望む制度を作るべきではないか。今からでも，制度改善に向けた協議の場を設けるべきであるし，個々の運用の場面においても，本人の本意を尊重するためにできることは多い。

## 3　精神障害者支援地域協議会の不思議
### （1）条文とは異なる，想定されていた二つの会議体

　改正案の不思議な点は，法律では一つの精神障害者支援地域協議会（改正案51条の11の2）を設けながら，最初から目的も構成員も異なる二つの会議体が想定されていたことであった。すなわち，厚労省の説明文書によると，「代表者会議」は「地域における精神障害者の支援体制の構築」を目的とし，その構成員としては，関係団体の代表者が想定されている。これに対し，「個別ケース検討会議」もあり，これは「措置入院患者についての連絡調整」が目的であり，構成員は当該患者に関わる医療福祉関係者とされている。厚労省の想定する二つの会議体のそれぞれの意義はわからなくはないが，それではなぜ法律上も最初からそれぞれ分けて位置付けずに，一つの会議体の取扱事務が二つあるかのような体裁（改正案51条の11の2第2項）を取ったのだろうか。

### （2）法律上一つの会議体であることによる意味

　国会審議では，警察が協議会に参加する点が最も問題とされ，警察による精神障害者の監視ではないか，と批判されたため，「代表者会議では，個別の患者の事例の情報共有は行われない」との答弁が出されるに至った。

　しかし，そもそも，改正案の51条の11の2第6項，同7項，同8項によると，条文上一つの会議体とされていることにより，協議会の構成員になれ

ば，個別ケースの情報を取得することは法的には可能になる。すなわち，協議会では情報共有を前提とした意見交換が予定されているのであり，いくらガイドラインに情報共有は行わないと書かれていても，実際に情報共有された場合に違法と指摘することはできず，情報共有がなされた場合に損害賠償請求などをなしえないことになる。

### （3）会議体の目的と構成員の不一致

さらに，改正案51条の11の2第1項及び同3項によると，支援対象者の援助関係者が個別の退院後支援計画の作成に関わり，さらにこれらの構成員の他，関係行政機関や関係団体等をプラスした者たちによって代表者会議が構成されるという構造になっている。

ここでの疑問の第一は，個別の医療や福祉の支援を行う援助関係者個人の全員が，措置入院の運用や警察との役割分担など地域の組織的・構造的なことを話し合うのにふさわしいのかどうか，という問題である。代表者会議の構成員が，関連職種団体の代表者や行政職員のみであればともかく，個別の退院後支援計画作成に関わる主治医や看護師等が，法律上は全員が代表者会議の構成員になるということは，その会議体の目的に照らしてもふさわしいとはいえない。

また，改正案に従えば，退院後支援計画を作成される措置入院者が増えるたびに，支援対象者の援助関係者も増えることが想定されるため，代表者会議の構成員が際限なく増員されていくことになりかねない。これでまともな地域の協議がなされるのであろうか。

### （4）ガイドラインによって二つの会議体へ

このように，改正案では，協議会については，条文上その意義・構造が破綻していると言わざるを得なかった。この点は，「措置入院の運用に関するガイドライン」によって改正案における代表者会議が実現し，「退院後支援ガイドライン」によって個別ケース検討会議が実現したといえ，改正案に対する協議会に関する疑問は解消されたといえる。

## 4 措置入院者の自己情報コントロール権に対する侵害

これがまさに,法律を改正しなければなしえないことであった。

退院後支援計画作成の過程によって得られるものは,患者の病歴の他,家族関係,就労関係,生活環境等の要配慮個人情報を含む,プライバシーとして尊重されなければならない高度に私的な情報である。本来,これらは本人の同意を得なければ取り扱うことができないが,精神保健福祉法が改正案の通り改正されれば,本人が拒否しても退院後支援計画は転居先自治体へ通知され,本人が精神障害者支援地域協議会への警察の参加を拒否していても,警察に情報が共有される可能性が生じていたのである。しかも,国会答弁においても,退院後支援計画の終了に伴う情報の抹消は約束されなかった。

このように,改正案は措置入院者の個人情報を強制的に取り扱うことを可能とするものであるが,最初に述べたとおり,改正案に措置入院者の自己情報コントロール権を制約できるだけの正当な目的があるといえるのだろうか。また,そもそも協議会の目的・役割とそれに対応する構成員が不明朗な中で,協議会の目的達成のための,必要最小限度の自己情報コントロール権の制約といえるのだろうか。いずれもその説明が不十分な中で,措置入院者の個人情報が恣意的に取り扱われる危険が生じていたのである。

## 5 警察が協議会に参加することの意味
### (1) 個別事案における警察の役割

改正案によって最も当事者団体から批判されたのが,警察の精神障害者支援地域協議会への参加であろう。改正案で想定していた警察の役割とは何なのか。現行法下でできず,法改正をして期待される警察の役割とは何なのか。

国会答弁で明らかになったことは,個別のケースで措置入院者の退院後に警察が行っている,あるいは行おうとしている支援は何も確認されていないということであった。[10] すなわち,現行法のままでも警察に必要な保護を求めることは法的に可能であって(警察官職務執行法3条1項),個々のケースによ

って警察の動きが鈍い／協力的などの濃淡があるとしても，法改正をしなければなしえない警察の役割とは何も確認されていない。

### （2）「グレーゾーン事例」なるもの

他方，改正案に関する厚労省の説明によれば，代表者会議で「グレーゾーン事例」への対応を協議するとされ，そこに警察が入ることが想定されていた。では，そもそも「グレーゾーン事例」とは何か。

この点について，国会では，「措置診察の時点で他害のおそれが精神障害によらない可能性が高いと認められる場合は，措置入院による対応ではなく警察において必要に応じて可能な対応を行ってもらう」（傍点筆者。以下同じ。）との答弁がなされた。[11] しかし，そもそも法律上，措置入院は精神障害のために他害のおそれがあると指定医が認めた時にしかなしえないのであるから，他害のおそれが精神障害によるものと診断できない場合は措置入院による対応ができなくて当然である。措置入院について，精神障害によるかどうかが不明であっても，単に他害のおそれがあれば利用できる可能性があるなどと，誤解されてはいないだろうか。[12]「グレーゾーン」という曖昧な表現には，そのような本来対象でないものを含んでしまいかねない危険が潜んでいる。

また，「精神障害による他害のおそれでないため措置解除の必要があるが，入院中のその者の言動から措置解除後に他害行為に及ぶ可能性が高いと考えられる場合に，警察に対応を相談する」との国会答弁もなされた。[13] しかし，これについても，措置入院の要件を満たさなくなった以上，医療の対象から外れるのは当然であるといえる。法律に定めのある未遂罪や予備罪に該当する場合に，第三者が告発等をすることは現行法上も可能である。それ以上に医療福祉関係者に何を期待しようとしているのか。法律上の未遂罪等に該当

---

(10) 2017年4月13日参議院厚生労働委員会小田部審議官答弁。
(11) 2017年4月11日参議院厚生労働委員会塩崎大臣答弁。
(12) 本稿執筆時には，国際連合の人権理事会の下に設置された恣意的拘禁作業部会から，窃盗未遂行為時に精神症状との関連性が認められていない措置入院者のケースについて，恣意的拘禁であるとの意見が出されている（A/HRC/WGAD/2018/8）。
(13) 2017年5月16日参議院厚生労働委員会橋本副大臣答弁。

せず，単に他害行為に及ぶ可能性が高いというだけでは，本来警察に連絡する必要がないにもかかわらず，措置入院者については警察に対応を相談するという制度を創ることにより，医療福祉関係者と警察の関係が変わってくる。「グレーゾーン」は，関係者の役割までも曖昧にさせるおそれがある。

このように，「グレーゾーン事例」については，そもそも精神保健福祉法に基づいて検討すべき問題かという疑問が生じる。措置入院の要件が曖昧にならないか，医療と警察の役割分担がかえって曖昧にならないか，線引きをきちんとすべきではないか，という懸念が拭いきれない。

### （3）誰のための医療か

そして何より，警察が入ることへの当事者の強い反発・拒否感があった。警察が関わるということは，不安感を増殖させることがあっても，精神障害のある当事者の安心に資するという調査結果の報告等はなされていない。このような警察と医療が結び付くという制度を創ることによって，医療関係者と患者の信頼関係に支障は生じないのであろうか。精神科医療は成り立つのであろうか。

## 6　措置入院届の審査だけでは権利擁護にならない
### （1）精神医療審査会による審査の限界

改正案では，精神医療審査会による措置入院届の審査を新設することで，権利擁護の側面もあると説明されていた。

しかし，そもそも現行法上すでにある医療保護入院届に対する審査における認容率の高さに鑑みれば，このような入院届の書面審査に権利擁護としての実効性を期待することは困難である。実際にも，入院届は医師が作成する書面であって，患者の主張が正しく反映されている保証はないのであるから，これだけを読んで，精神医療審査会の委員が措置入院の要件に疑問を持

---

(14)　例えば，平成28年度衛生行政報告例によると，医療保護入院時の届出審査件数が187,413件であるのに対し，他の入院形態への移行が適当とされたもの及び入院継続不要とされたのは合計11件（審査件数の0.006％にも満たない）しかない。

ち，現地に行って本人から意見を聴取しようと思うことはまずないのではないか。入院時に権利擁護の観点から審査を行いたいのであれば，自由に行動・表現することのできない患者の側に立ち，患者の意見を伝える権利擁護者が不可欠である。

### （2）違法な措置入院の救済にならない

さらに，現行の精神保健福祉法38条の3第4項によれば，「知事は，第二項の規定により通知された精神医療審査会の審査の結果に基づき，その入院が必要でないと認められた者を退院させなければならない」とされており，これは改正案によって新設されることになる措置入院届の審査においても適用される。

しかし，これでは，仮に精神医療審査会が審査した結果，措置入院の要件を満たさないと判断した場合であっても，審査会の審査の結果に基づいて知事ができることは，措置入院者を「退院させ」るだけであって，それまでに収集された措置入院者の個人情報が関係者の記録から抹消される保障はまったくない。退院までの期間は措置入院であったという記録も残ることになる。

実務においては，入院時から措置入院の要件を満たしていたのか疑問を感じるケースもあり，そのような場合であっても，これまでは早期に退院さえできれば実際の生活への支障はないために大きな問題は生じなかったものの，改正案にしたがえば，措置入院の要件を満たさない違法な入院であっても，個人情報が警察を含む関係者に保存されることになりかねないのである。

### 7　改正案の意義とは

以上をふまえて検討するに，退院後支援計画を強制しないのであれば，最初から本人が望んだ時に作成すればよく，それは，現行法上も行政や医療福祉関係者がやる気になれば可能であって，法律を改正しなければできない支援とは考えにくい。また，多くの関係者が協議して計画を作成するにもかか

わらず，本人が拒否した場合に活用しないのであれば，人的・物的資源の無駄と言わざるを得ず，限られた税金からなる公費を投与して優先して解決すべき課題は何かがあらためて問われなければならない。

結局，改正案によって何が解決されるのか，可能になることは何かを探求すると，措置入院者の個人情報の取得・通知が警察や行政にとって容易になるということであり，措置入院者に対し監視の網をかぶせるという批判に耐えられないのではなかろうか。

## 三　今後の課題

### 1　参議院における修正について

今国会の参議院審議においては，最終的には改正案は通過したが，その際，附則に対する修正案が可決され，「非自発的入院者に係る法定代理人又は弁護士の選任の機会の確保」について3年以内に検討されることとなった。これは，非自発的入院という本人の意思に反して自由を制約するという重大な人権侵害の場面において，当該入院者に権利擁護者を付すという趣旨において極めて画期的であると言える。改正案の廃案に伴い，この附則の修正もなくなったが，これは措置入院に限定したものではないので，今後の法改正に向けて引き続き重要なテーマになると考えここでも取り上げる。

本来，精神医療審査会における非自発的入院患者の退院請求等に対する審査手続きが自由権規約9条4項に適合すると言うためには，精神医療審査会が独立性を有することのほか，弁護士等の権利擁護者を確保し，そのための予算措置も講じられなければならない。また，精神障害者の保護及びメンタルヘルスケアの改善のための原則（1991年国連決議）18においては，患者は不服申立手続き等において，患者を代理する弁護人を選び指名する権利を有し，もし，患者に資力が無い場合には無償で弁護人を利用することができる

---

(15)　国際法律家委員会第二次調査団報告参照（国際法律家委員会編「精神障害者の人権　国際法律家委員会レポート」明石書店）。

と定められている。前記参議院修正附則は、これら国際法規をようやく日本に取り入れようとしたという意義があるといえる。

　もっとも、その具体的な内容は今後の検討課題とされているところ、いくつか注意すべき点を指摘したい。

　一つは、権利擁護者の選任が入院時（入院直後）か、・退院請求時か、あるいはその両方か、という点である。自由権規約9条4項の趣旨に鑑みれば、入院後遅滞なく法律家による審査を受けるべきであるから、入院時ないし入院直後に権利擁護者は選任されるべきではなかろうか[16]。

　次に、修正された附則では、必ず選任することを前提に「選任の方法」を検討するという表現にはなっておらず、「選任の機会の確保」を検討するとされている点である。これは、その検討結果によっては、本来権利擁護者を付すべき事案について選任されない場合が生じるなど、権利擁護制度としての実効性が骨抜きにされるおそれが残されていると言える。刑事手続きにおける国選弁護制度等を参考に、必要とするすべての患者に権利擁護者の選任が確保されるよう検討すべきである。

　さらに、修正された附則では、権利擁護者として弁護士の他「法定代理人」が想定されているところ、法定代理人の典型的な具体例は後見人と親権者であって、これらはいずれも医療保護入院の同意者となりうる者である。このような非自発的入院の同意者は、患者が入院の不当性を訴えている場合には、当該入院においては患者と利益が相反するため、権利擁護者としては不適格であると言わざるを得ない。また、実務では、後見人の活動に不満を持ち、交代を希望する被後見人も見られるところ、入院中の被後見人の権利擁護に怠慢と見られる態度があっても法律上の解任事由に当たるとまではいえない場合が残されており、そのような場合には後見人の交代が困難となっていることが後見制度の課題とされている点も注意すべきである。

---

(16)　日本弁護士連合会は、退院請求時に弁護士が代理人となれるよう、弁護士費用を援助する制度を設けるとともに、非自発的入院直後に権利擁護者の選任を認めるべきと提案している（2012年12月20日「精神保健福祉法の抜本的改正に向けた意見書」）。

今後の検討にあたっては，これらの点に注意して，権利擁護として有効に機能する制度を構築する必要がある。

## 2 障害者権利条約に適合する法改正に向けて

そもそも，次項で述べる通り措置入院は「精神障害者」であることを要件としており，この点で障害者権利条約14条に抵触しているといえるが，この点を措くとしても，本人の意思に反する強制的な入院は自由の制限であるから必要最小限にとどめなければならず，退院後まで強制を続けることはできない。「親切なお節介」は本人から顔の見える範囲にとどめるべきであって，本人の知らない人によって身上・病歴や行動を把握されることは，プライバシーの侵害であり監視である。

また，同条約は，障害に基づくあらゆる差別を禁止し（5条），他の者と平等の選択の機会をもって地域社会で生活する平等の権利を保障し（19条），他の者との平等を基礎として，障害者の個人及び健康に関する情報に係るプライバシーを保護することを締約国に求めている（22条）。したがって，退院後も支援し，地域でくらすための計画を作るのであれば，すべての入院患者が退院後支援について選択する機会を与えられ，本人が納得できる計画を作ること，転居後も計画が続行されるよう行政に引き継いでもらおうと本人が思えるような信頼関係が作られることが必要である。

障害者権利条約は徹底した平等を求めている。措置入院者を地域で特別扱いしない。精神障害者を，犯罪行為をするおそれがあるという疑いの目で見ない。差別・偏見をしない。これらのことが徹底されなければならない。

## 3 非自発的入院制度の見直し

現在の医療保護入院は，その前提となる同意能力の欠如という要件が極めて緩やかに解され，本人が入院を拒否すれば同意能力がないと見なされる場合があり，措置入院についても，入院に抵抗したことをもって他害のおそれがあると評価される場合があるなど，安易に非自発的入院とされているケー

スが見られる。しかし、本人の医療についての自己決定権を尊重するならば、関係者はまずは十分に合理的配慮を尽くして本人に医療の必要性について説明し、その上で本人の自己決定を可能な限り尊重し、それでもなお入院医療が必要な場合、というのを見極めるべきである。

　また、現行法上は、いずれの入院も「精神障害者」であることが要件とされているが、これは障害を理由とする差別にあたり、障害者権利条約14条に抵触する。刑法上は「精神の障害」によって弁識能力又は行動制御能力のない責任無能力者については責任を問えないとされており[17]、民法上も意思無能力者の法律行為は無効とされていることから[18]、入院について法的能力がなく非自発的入院が必要とされるのは精神障害者（ここでは精神保健福祉法5条における「精神疾患を有する者」をいう。）に限られると思われがちである。しかし、判例上の「精神の障害」があることと、法律上の「精神障害者」は異なる。精神障害者でなくとも、外部からの衝撃や内科的疾患等により一時的な精神の障害によって判断能力がない状態で医療が必要になる人はいる。「精神障害者」という要件は不要であり、入院に同意できる能力の有無及び入院の必要性のみによって、入院が必要な人に入院医療を与えることは可能なのである。今治療しなければ本人にとって回復困難なほどのダメージが残るという場合に、緊急時医療を行い、そのために必要な期間入院をさせ、そのような危機的な状態を脱した後は、医療を受けるかどうかについて本人に自己決定させ（そのための意思決定に必要な支援や合理的配慮は行われるべき）、本人が病気や障害のある現在の状態を受け入れて（障害者権利条約17条参照）、それ以上の入院医療を拒否して退院を希望する場合には、それも本人の自己決定として尊重してよいのではなかろうか。

　特定の事件を契機にした場当たり的な制度改正ではなく、広い観点からあるべき社会を目指した、計画的・段階的な制度設計が望まれる。

---

(17) 刑法39条1項、大判昭和6年12月3日（刑集10巻12号682頁）。
(18) 大判明治38年5月11日（民録11巻706号）。但し、意思無能力の原因は精神の障害に限定されていない。

# 大会記事

**第33回大会**（2017年12月2日（土） 成城大学5号館2階521教室）

**研究報告**
1．「わが国における統合失調症による暴力のリスクファクター」
　・報告者：今井淳司（東京都立松沢病院）
2．「オランダにおける刑罰としての社会奉仕命令：
　　　　検察と保護観察所の役割を中心に」
　・報告者：平野美紀（香川大学）

**講演**　「認知症医療・介護と法に関わる2，3の問題」
　・講演者：松下正明（東京大学名誉教授）

**シンポジアム**　「精神保健福祉法の改正について
　　　　　　　　―非自発的入院制度の検討をふまえて―」
　　・司会：五十嵐禎人（千葉大学），山本輝之（成城大学）
**シンポジスト**
・「非自発的入院制度の正当化原理―精神科臨床の立場から」
　　　　　　　　　　　　　　　　　　五十嵐禎人（千葉大学）
・「非自発的入院制度の正当化原理―法律家の立場から―」
　　　　　　　　　　　　　　　　　　横藤田　誠（広島大学）
・「ガイドラインについて」　　　　椎名明大（千葉大学）
・「精神保健福祉法はどこへ向かうのか」　姜　文江（横浜弁護士会）


◆理事会報告
第33回大会前日（2017年12月1日）の19時より理事会が開催された。
1．　理事会当日までに入会申し込みのあった8名について入会が承認された。また退会の届け出のあった4名について退会が承認された。
2．　事務局より第32回大会会計報告，法と精神医療学会2016年度支出明細書，法と精神医療学会2016年度決算書，法と精神医療学会2017年度会計概況が報告され，承認された。
3．　学会誌33号の編集活動に関して，渡邊一弘編集長より報告があった。
4．　第33回大会について，司会等の確認が行われた。


◆新理事会報告
第33回大会の当日，16時より新理事会が開催された。

1．互選により，理事長に山本輝之理事が選出された。副理事長には村松太郎，安田拓人の両理事が選出された。
2．学会誌の編集委員長および編集委員の任命については，山本理事長に一任された。
3．2018年度予算案について事務局より提案され，了承された。
4．次回第34回大会については，川本哲郎理事および城下裕二理事を中心に大会実行委員会を組織し，2018年9〜10月の土曜日を中心に，北海道大学にて開催される予定とされた。

◆新入会員（敬称略）
東　奈央（弁護士・同志社大学大学院），井口光奈（弁護士），今井淳司（東京都立松沢病院），川島啓嗣（公立豊岡病院），小島光洋（宮城県成人病予防協会学術・研究開発室長），竹川俊也（日本学術振興会特別研究員），東本愛香（千葉大学），和田　央（大阪赤十字病院）

◆理事・監事選挙
　大会当日に理事・監事選挙が行われた。当選者は以下の通りである。（五十音順，敬称略，所属は選挙時のもの）

○理事
　浅田和茂（立命館大学大学院法務研究科）
　五十嵐禎人（千葉大学社会精神保健教育研究センター法システム研究部門）
　岩井宜子（専修大学名誉教授）
　川本哲郎（同志社大学法学部）
　北潟谷仁（札幌弁護士会小樽支部）
　柑本美和（東海大学法学部）
　城下裕二（北海道大学大学院法学研究科）
　田口寿子（国立精神・神経医療研究センター病院）
　谷　直之（同志社女子大学現代社会学部社会システム学科）
　中島　直（多摩あおば病院）
　中谷陽二（筑波大学名誉教授）
　平野美紀（香川大学法学部）
　前田雅英（日本大学大学院法務研究科）
　松原三郎（社会医療法人財団松原愛育会松原病院）
　村松太郎（慶應義塾大学医学部精神・神経科）
　安田拓人（京都大学大学院法学研究科）
　山本輝之（成城大学法学部）
　横藤田誠（広島大学大学院社会科学研究科）
　吉岡隆一（公立豊岡病院）

渡邊一弘（専修大学法学部）
○監事
　緒方あゆみ（中京大学法科大学院）
　奥村正雄（同志社大学大学院司法研究科）

◆法と精神医療学会事務体制（2017年12月〜）
○理事長　　　　　山本輝之
○事務局　　　　　渡邊一弘（事務・庶務担当），谷　直之（会計担当）
○渉外・広報担当　村松太郎（副理事長），北潟谷仁，中島　直，横藤田誠
○企画担当　　　　安田拓人（副理事長），五十嵐禎人，吉岡隆一，平野美紀
○編集担当　　　　城下裕二（編集委員長），田口寿子，柑本美和

◆理事長就任のご挨拶
　この度，理事長に選任されました山本輝之です。本学会は，「精神医療に関する法学・医学及びその実務の総合的研究ならびに研究者相互の協力を推進し，もって精神医療の充実と改善に寄与すること」を目的として，1986年3月に設立されました。
　本学会は，この目的を達成するべく，これまで，法と精神医療とがかかわる多くの問題に取り組み，その成果を学会誌「法と精神医療」に公表してまいりました。最近10年間のシンポジウムで取り上げた主なテーマを見てみても，強制入院制度，刑の一部執行猶予の施行に向けての薬物事犯の治療処遇，発達障害と法，裁判員制度の精神鑑定，保護者制度の改革と精神医療，成年後見の現状と課題，心神喪失者等医療観察法の現状と見直し，訴訟能力の問題等，その時期に合わせたテーマを取り上げ，学会として検討を重ねてまいりました。しかし，法と精神医療をめぐる問題は，日々生起され，尽きることがありません。われわれは，今後もわが国の法と精神医療が抱える多くの問題について多角的な視点から思索を重ね，精神医療の充実と改善に寄与していくことが必要であると考えています。
　また，現実の社会においても，近時，法と精神医療にかかわる衝撃的な事件が起こっています。大阪教育大学付属池田小学校事件，相模原市の障害者支援施設事件等々です。周知のように，前者の事件を契機として，心神喪失者等医療観察法が制定・公布され，後者のそれを契機として，措置入院制度の見直しを柱とする精神保健福祉法の改正案が作成され，現在，国会において審議される予定になっています。しかし，これらの法律，改正案についても，多くの問題点が指摘され，検討を迫られています。このように，法律と精神医療の研究者が様々な視点から学問的対話を重ね，これらの問題の解決に取り組む本学会の存在意義は，益々高まっているように思います。
　私は，大変微力ながら，本学会の目的を達成するべく，本学会の活動が，法と精神医療が抱える多くの問題の解決に少しでも寄与することができるよう，努めていく所存です。会員の皆様にはご協力を賜りますようお願い申し上げます。

理事長　山本輝之

◆第34回大会の日程変更について

　上記の新理事会後，第34回大会につきましては，2018年9月8日（土）に北海道大学において開催することとなり，準備を進めておりましたところ，同月6日に北海道地方で発生しました地震のため，理事会の議を経て急遽中止とさせていただき，日程を改めまして，2019年3月9日（土）に同大学にて開催することとなりました。

◆編集後記

　法と精神医療第33号をお届けいたします。

　このたび，編集委員長を務めさせていただくこととなりました。どうぞよろしくお願いいたします。

　上記の通り，北海道地震ならびに第34回大会の延期に伴いまして，第33号の編集作業も遅延することとなり，執筆者の方々，会員の皆様には多大のご迷惑をおかけいたしました。ここに改めてお詫び申し上げます。

　本号には，2017年12月2日に，成城大学5号館にて開催された第33回大会の内容を掲載いたしました。論説2本，講演1本，シンポジウムという内容になっております。

　論説「わが国における統合失調症の暴力」，「オランダにおける社会内処遇制度—再犯防止対策の一つとして—」は，それぞれ精神医療，比較刑事法の分野における最新の知見に基づく研究報告を再現していただいたものです。御講演では，認知症医療の第一人者でおられる松下正明先生に，「『認知症医療・介護と法』雑感」と題して，専門医としての診療の中で遭遇された諸問題について語っていただきました。まさに本テーマに関わる喫緊の課題をご提示いただき，学会にとりましても貴重な機会になったことと存じます。シンポジウム「精神保健福祉法の改正について」では，2017年2月に国会に提出された改正法案を踏まえて，特に非自発的入院制度の正当化根拠，手続を中心とした問題点に関して，精神医療，法律学の両面から検討していただきました。ご多忙のところ，御論稿をお寄せいただいた先生方には心よりお礼を申し上げます。

　本号の編集に際しましては，編集委員である田口寿子理事（国立精神・神経医療研究センター病院），柑本美和理事（東海大学法学部）に多大のご協力をいただきました。また，成文堂の篠崎雄彦氏にも，行き届いた御配慮をいただき，学会延期と再準備作業の慌ただしさの中で刊行に至ることができました。ここに厚くお礼申し上げます。

　　　　　　　　　　　　　　　　　　　　　　　　編集委員長　城下裕二

## 法と精神医療学会規約

制定　昭和61年3月29日
最終改正　平成24年12月8日

第1条（名称及び事務所）
　本会は，法と精神医療学会（Japanese Association of Law and Psychiatry）と称する。
　2　本会の事務所は，理事会が定める内規に規定された住所にこれを置く。

第2条（目的）
　本会は，精神医療に関する法学・医学及びその実務の総合的研究ならびに研究者相互の協力を推進し，もって精神医療の充実と改善に寄与することを目的とする。

第3条（事業）
　本会は，前条の目的を達成するため次の事業を行う。
　　1　研究会及び講演会の開催
　　2　機関紙その他の刊行物の発行
　　3　内外の関係学会との連絡
　　4　その他目的を達成するため適当と思われる事業

第4条（会員）
　本会の会員は，精神医療に関する法学もしくは医学又はその実務につき専門的知識を有する者とする。
　2　会員になろうとする者は，会員2名の推薦をえて理事会に申し込み，その承認をえなければならない。

第4条の2（賛助会員）
　本会の賛助会員は，本会の趣旨に賛同し，本会の事業を援助する団体または個人とする。
　2　賛助会員になろうとする者は，理事会に申込み，その承認をえなければならない。

第5条（会費）
　本会の会費については，理事会がこれを定める。
　2　会員は，理事会の定めるところに従い，会費を納めなければならない。

第6条（退会等）
　本会を退会しようとする者は，理事会にその届出を行うものとする。
　2　会費を滞納する者は，理事会においてこれを退会したものとみなすことができる。
　3　本会の名誉を傷つけ又は本会の目的に著しく反する行為があったときは，理事会において全理事の3分の2以上の議決により会員を除名することができる。但し，その議決の直後の総会において，その承認をえなければならない。

第7条（役員）
　本会に次の役員をおく。
　　理事若干名（うち1名を理事長，2名を副理事長とする）
　　監事2名

第8条（役員の選任）
　理事及び監事は，総会において会員中から選任し，理事長，副理事長は理事会において互選する。
　2　理事，理事長，副理事長，監事の任期は3年とする。但し，再任を妨げない。

第9条（理事長，副理事長，理事）
　理事長は，本会を代表する。
　2　副理事長は，理事長を補佐する。
　　理事長が欠けたとき又は理事長に事故があるときは，あらかじめ理事長が指名した副理事長がその職務を代行する。
　3　理事は，理事会を組織し，会務を執行する。理事は，常務理事若干名を互選し，これに常務の執行を委任することができる。

第10条（理事会）
　理事会は，理事長がこれを招集する。但し，理事の3分の1以上が求めるときは，理事長は，理事会を招集しなければならない。
　2　理事会は，理事の過半数の出席によって成立し，その議決は，出席者の過半数による。

第11条（監事）
　監事は，会計及び会務執行の状況を監査する。

第12条（総会）
　会員の総会は，毎年少なくとも1回行うものとし，理事長がこれを招集する。
　2　総会の決議は，出席者の過半数による。

第13条（委員会）
　理事長は，本会の目的を推進するために委員会を設置し，会員中から委員を委嘱することができる。
　2　前項の委員会の設置は，事前又は事後に理事会の承認をえるものとする。

第14条（会計年度）
　本会の会計年度は，毎年4月1日に始まり，翌年3月31日に終わる。

第15条（規約変更）
　この規約は，総会において出席者の3分の2以上の同意がなければ，変更することができない。

附　則　第8条2項の任期は創立総会において選出されたものについては2年とする。

（以上）

## 役員名簿

| | | | |
|---|---|---|---|
| 理事長 | 山本 | 輝之 | 成城大学法学部 |
| 副理事長 | 村松 | 太郎 | 慶應義塾大学医学部精神・神経科 |
| 副理事長 | 安田 | 拓人 | 京都大学大学院法学研究科 |
| 理事 | 浅田 | 和茂 | 立命館大学大学院法務研究科 |
| 理事 | 五十嵐禎人 | | 千葉大学社会精神保健教育研究センター法システム研究部門 |
| 理事 | 岩井 | 宜子 | 専修大学名誉教授 |
| 理事 | 川本 | 哲郎 | 同志社大学法学部 |
| 理事 | 北潟谷 | 仁 | 札幌弁護士会小樽支部 |
| 理事 | 柑本 | 美和 | 東海大学法学部 |
| 理事 | 城下 | 裕二 | 北海道大学大学院法学研究科 |
| 理事 | 田口 | 寿子 | 国立精神・神経医療研究センター病院 |
| 理事 | 谷 | 直之 | 同志社女子大学現代社会学部社会システム学科 |
| 理事 | 中島 | 直 | 多摩あおば病院 |
| 理事 | 中谷 | 陽二 | 筑波大学名誉教授 |
| 理事 | 平野 | 美紀 | 香川大学法学部 |
| 理事 | 前田 | 雅英 | 日本大学大学院法務研究科 |
| 理事 | 松原 | 三郎 | 社会医療法人財団松原愛育会松原病院 |
| 理事 | 横藤田 | 誠 | 広島大学大学院社会科学研究科 |
| 理事 | 吉岡 | 隆一 | 公立豊岡病院 |
| 理事 | 渡邊 | 一弘 | 専修大学法学部 |
| 監事 | 緒方あゆみ | | 中京大学法科大学院 |
| 監事 | 奥村 | 正雄 | 同志社大学大学院司法研究科 |

※所属は平成30年8月現在のもの。

## 法と精神医療 第33号

2019年3月1日発行

**編集兼発行者** 法と精神医療学会
　　　代表者　山本　輝之
　　　〒157-8511 東京都世田谷区成城6-1-20 成城大学法学部内

**編集委員長** 城下　裕二
　　　〒060-0809 札幌市北区北9条西7丁目 北海道大学大学院法学研究科内

**発行所** 成文堂
　　　〒162-0041 東京都新宿区早稲田鶴巻町514　　電話03-3203-9201
　　　　　　　　　　　　http://www.seibundoh.co.jp　Fax03-3203-9206
　　　　　© 法と精神医療学会　2019　Printed in Japan

法と精神医療学会編
# 法と精神医療
創刊号～33号
A5判並製／定価(本体1500円＋税)
＊20・21合併号のみ定価(本体2000円＋税)

法と精神医療学会の活動の足跡を示す学会誌。年1回発行。

大谷 實著
# 新版 精神保健福祉法講義〔第3版〕
A5判並製／定価(本体3000円＋税)

現行の精神保健福祉法を体系的・客観的に解説。法学・医学・一般の各領域に共通の水準を提供する。精神科医療関係者に必携の書である。

豊田育子・國澤英雄・足立明隆著
# 病院経営の戦略と戦術
A5判上製／定価(本体4000円＋税)

赤字経営体質に陥った病院を11の戦略的対策案で安定的な黒字に立て直した経営や、誤薬や褥瘡などの問題を減少させ、しかも看護師の離職率を低下させた病院の改善活動などを取り上げる。

松本 勝編著
# 更生保護入門〔第4版〕
A5判並製／定価(本体2000円＋税)

第3版以降の法改正と統計数値を踏まえた最新版。社会福祉士や精神保護福祉士を目指す学生、保護司を始めとする更生保護関係者にとって必読の書。

小松原織香著
# 性暴力と修復的司法 (RJ叢書10)
A5判上製／定価(本体4500円＋税)

被害者・加害者の「共生」の可能性を探求する。

竹川俊也著
# 刑事責任能力論
A5判上製／定価(本体7000円＋税)

規範的責任論から演繹的に導出された「精神の障害」および弁識・制御能力という枠組みでの議論は、実際の判断場面で機能しないのではないか。こうした意識から、実践に耐えうる実体要件の構築を目指す。

成文堂

〒162-0041　東京都新宿区早稲田鶴巻町514
電話 03(3203)9201・FAX 03(3203)9206
http://www.seibundoh.co.jp

# Japanese Journal of Law and Psychiatry

No. 33　　2018

## Contents

### Special Article

Violence among patients with schizophrenia in Japan·················································A. IMAI ( 1 )

"Taakstraf", non-institutional treatment as a punishment in the Netherlands
·····················································································································································M. HIRANO ( 21 )

### Lecture

My personal opinions on relations between law and medical practice
　and care for demented elderly···········································································M. MATSUSHITA ( 33 )

### Symposium

**Reform of Act on Mental Health and Welfare for the Mentally Disabled**

Prospectus of the Symposium·······················································································Y. IGARASHI ( 45 )

The Justification of Involuntary Hospitalization for Mentally Disordered
　──from the Viewpoint of Clinical Psychiatry──································Y. IGARASHI ( 49 )

Justfications for Involuntary Hospitalization···············································M. YOKOFUJITA ( 65 )

The Guidelines for Administrative Involuntary Hospitalization
　in the Scheme of Mental Health and Welfare Act in Japan·····················A. SHIINA ( 85 )

Where is the Act on the Mental Health and Welfare for the Mentally
　Disabled headed ?·······································································································································F. KYO ( 109 )

Published by

The Japanese Association of Law and Psychiatry

発行所・成文堂